U0889103

共享经济100问

张新红 于凤霞 等◎著

中共中央党校出版社

前言

共享经济的历史性机遇不容错过

从共享产品到共享空间，从共享技能到共享劳务，从共享资金到共享产能，共享经济在过去的10年间风靡全球，席卷各行各业，对政府治理、企业发展、个人生活都产生了深刻影响。

共享经济是信息技术革命与人类社会发展内在需求相结合的产物，是适应信息社会发展的新业态、新模式、新理念。从一定意义上可以说，看不懂共享经济就看不懂中国经济的现在，也看不懂世界经济的未来。

对于中国而言，发展共享经济具有更为重要的特殊意义。共享经济是信息革命提供给中国的历史性机遇，对于贯彻落实新发展理念、培育新经济增长点、推进供给侧改革、建设网络强国、创新治理体系、构建信息时代国家新优势等战略目标都有重要的意义。

在这样的大背景下，中国也一直努力为共享经济发展创造较为宽松的政策环境，也使得中国共享经济发展取得了举世瞩目的成就。2017年

10 月，党的十九大报告明确提出将共享经济确立为培育新增长点、形成新动能的重点领域。2018 年 3 月，《政府工作报告》在总结五年来创新发展成果时指出："高铁网络、电子商务、移动支付、共享经济等引领世界潮流。"2018 年 4 月 20 日，习近平总书记在全国网络安全和信息化工作会议上强调，信息化为中华民族带来了千载难逢的机遇。"要发展数字经济，加快推动数字产业化，依靠信息技术创新驱动，不断催生新产业新业态新模式，用新动能推动新发展。"2018 年 9 月 19 日，李克强总理出席第十二届夏季达沃斯论坛开幕式并致辞，在总结中国培育壮大新动能经验和成就时强调，我们实行包容审慎监管，促进了新兴产业蓬勃发展。"正是由于这样的监管，网上购物、移动支付、共享经济等新兴产业迅速崛起，成为中国经济发展新动能蓬勃成长的显著标志。"

由于共享经济发展太快、创新太多、影响太大，就容易导致看不清、看不准、看不透，也会给政策研究和决策选择带来很多困惑。

共享经济发展快至少表现在以下几个方面：一是共享经济从美国发端到风靡全球的时间较短。如果从 2008 年全球金融危机算起，共享经济加速发展的历程也就是十来年的时间。二是共享经济市场规模扩张速度快。以中国共享经济发展为例，2015 年中国共享经济交易额只有 1.9 万亿元左右，到 2017 年就已经扩大到 4.9 万亿元，参与者人数已经达到 7 亿人。三是平台企业成长快。滴滴出行平台仅用五年时间就使用户规模就达到 4.5 亿人，全年订单数超过 74 亿单。共享单车只用两年时间就发展注册用户 4 亿人，单车投放量达 2300 万辆。

共享经济领域的创新多也是有目共睹的。从中国实践发展看，"大众创业，万众创新”表现最活跃的领域大都带有共享经济的基因。2016年曾被称作共享单车的元年、知识付费的元年、网络直播的元年。到了2017年，各类共享经济的新模式、新业态更是如雨后春笋般大量涌现，在产品、空间、知识技能、劳务、资金、生产能力六大领域及其细分领域中，几乎每年都有新的业态诞生，都有大量的共享经济平台上线。从创意设计、营销策划到餐饮住宿、交通出行，从资金、设备到物流、劳务，从美容美甲、医疗保健到知识技能、生产能力，共享经济的触角已延伸到众多领域。分享型平台数量持续上升，一些领域在短短数年里就涌现出数百家企业，并迅速形成一批初具规模、各具特色、有一定竞争力的代表性企业。国外出现的共享经济模式绝大多数在中国都能看到，属于中国的原创性共享经济模式也开始大量涌现。

共享经济带来的影响已经开始显现。由于共享经济有明显的好处，又具有典型的网络双边效应，一个平台可以迅速聚集数千万甚至数亿的服务提供者和用户，这是传统企业无法相比的。从广度看，共享医疗平台可以积聚数十万名优秀医生，共享运输平台可以积聚数百万名重卡司机，共享知识技能平台可以积聚上千万个设计团队，这样的案例越来越多了。可以说，共享经济正在影响每一个人、每一个企业、每一个政府部门。从深度看，共享经济对于创新、就业、劳动保障、城市规划与管理、现代治理体系、经济学范式的影响和冲击也逐步显现出来。

实践发展太快，关于共享经济的理论研究显然有些跟不上，这也是产生诸多疑问的重要原因之一。在起步期，政府、企业、公众对共享经济的认知还不充分，在市场准入、平台治理、行业监管等方面基本上处于“政策模糊期”，对新的商业模式也保持了较高的政策容忍度，为起步期共享经济的快速成长创造了良好的条件。随着行业发展进入转型期，行业发展初期的问题渐渐暴露出来，越来越多的领域开始出台相关的监管政策。比如近两年围绕交通出行、网络直播、共享金融等领域，相关部门已经出台了一系列政策。由于实践、理论都还在快速变化中，政策本身也存在较大的不确定性，不同行业、地区的政策取向不尽相同，差别很大。

无论从全球还是从中国的实践看，目前共享经济总体上都是正处在从起步期向成长期加速转型的阶段。主要表现在以下几个方面：一是不成熟，即技术、模式、理论等都还处在探索阶段，问题多争议也大。即便是在网约车、共享单车等发展较早或较快的领域，也不断暴露出诸多问题。二是不充分，即渗透、参与不足，很多关键领域还没有开始共享。限于人们的认知局限性、商业模式尚未成熟以及政策环境有待完善等多种原因，有的行业共享经济才刚刚起步，如共享医疗、共享教育、共享农业等；有一些领域甚至还处于萌芽状态，如共享养老，目前市场上尚未出现具有代表性的共享平台。关于“共享经济已经到了下半场”的说法为时过早。三是不定型，即市场格局未定，竞争激烈。在转型期内，企业的进入与退出更为频繁。

转型期也是矛盾和问题表现最突出的一个时期。共享经济似乎从一出生就是一个问题孩子，经过一段时间的成长，许多问题现在看得更为清楚了。目前共享经济发展面临的问题大体可以分成四类：一是监管跟不上。监管部门对新业态不熟悉，原有的制度设计不再适用，手段跟不上。

二是共享经济发展暴露或凸显了原来就有的矛盾或问题，如共享单车让大家看到了自行车道、自行车停车位供给不足等问题。多数领域的共享经济发展都暴露出了社会诚信体系建设滞后，会引发一些行为无序和道德失范等问题，如对于共享单车的各种有意破坏、乱丢乱放、有借无还、公物私占等行为持续成为社会关注的焦点。三是共享经济发展带来的新问题：网络经济与属地管理的矛盾、新业态对传统利益的冲击、新型垄断、信息安全等。四是共享经济自身存在的一些问题，比如盲目进入引发的倒闭潮，过度追求短期利益，侵害消费者利益，一些企业利用共享经济平台实施违法行为等。当然，对这些问题显然要区别看待。

在转型期，如何看待共享经济发展中的问题越发显得重要。创新发展过程中出现一些问题是正常现象，不必过于紧张，更不能因噎废食。共享经济是一种新业态，它的出现就是为解决我们过去解决不了的问题，它解决的问题远比带来的问题要多，价值也大得多。目前，共享经济面临的问题都是发展中的问题，绝大多数问题可以在发展中解决。大数据等新技术应用为发现问题、解决问题提供了更多可能，事前预防、事中应对、事后处理都可以更加准确、更加及时、更加有效。对共享经济发展中的问题要区别对待，最重要的是创新监管。

2017年下半年以来对共享经济的反思开始增多。2018年共享经济领域出现的一些安全事件引发了更多关于共享经济的讨论、争议，甚至质疑、抵触，有人借机呼吁要对共享经济严格监管，还有人喊出了“共享经济已死”的口号。事实上，共享经济对引领创新创业、促进经济增长、培育发展新动能等方面作用日益突出。

应该看到，共享经济是迄今为止最好的资源利用方式，是信息革命与经济社会发展内在需求相结合的必然产物，是人类社会发展的大趋势。这个趋势不会因为发展过程中遇到一些问题就会改变。一些安全事件的发生暴露了平台企业的一些问题，同时也是社会犯罪问题在共享经济中的体现。我们不能因为出了这样的问题就认为共享经济不好。应该看到，共享经济是信息革命带来的历史性机遇，每一次重大技术革命都会带来世界竞争格局的重构，这样的机遇绝不能错过。

应该看到，中国发展共享经济有得天独厚的特殊优势，有条件通过发展共享经济构建国际竞争新优势。到 2018 年，工业革命经历了 250 年，我们饱尝过落后就要挨打的教训，后来通过改革开放 40 年的加快追赶才换来制造大国的称号。到 2018 年，互联网快速发展有 25 年时间，这一次我们抓住了机遇，所以才确立了互联网大国的地位。到 2018 年，共享经济快速发展的历史刚刚 10 年，中国已经在全球共享经济发展中发挥引领作用。这个成就的获得得益于我们的政策环境，就连国外的共享经济企业都认为中国的政策环境是最好的。共享经济快速发展的大趋势没有改变，“鼓励创新、包容审慎”的总基调不会改变也不应改变。

认识决定选择，现在的选择决定未来。转型时期的政策选择对于共享经济未来发展至关重要，不同的政策取向会导致截然不同的结果。

本书梳理并尝试回答了大家对于共享经济发展提问较多、讨论较多的 100 个问题。第一章概要回答了共享经济发展的现状和趋势，第二至第六章围绕共享经济的基本理论和实践认识展开，第七至第十一章选择 5 个重点应用领域分别回答了大家关心的问题，第十二章的问题多是涉及共享经济未来发展的。为便于大家理解并引发思考，除应用领域外，每个问题解答之后都划出了知识点，并附上一个思考题。

关于共享经济的问题远远不止100个，未来肯定还会有更多问题被提出。真正能给出正确答案的也许只能是实践，但如何认知、如何选择也会影响到实践的发展和走向。希望本书能给大家带来启发和帮助。

张新红

2018年10月18日

目录

第三章 为什么中国的故事最精彩

第四章 为什么说一个新的时代已经到来

第五章 有钱就能玩转共享经济吗

第六章 共享经济需要什么样的制度创新

第七章 出行共享：共享经济的领跑者

第一章

为什么说共享经济是大趋势

Q1 中国的共享经济为什么这么火？

Q2 为什么说中国的共享经济正在引领世界？

Q3 共享经济是怎么兴起的？

Q4 发展共享经济有哪些好处？

Q5 共享经济是阶段性现象吗？

Q6 共享经济治理创新应把握哪些基本原则？

Q1 中国的共享经济为什么这么火？

中国共享经济的表现之所以很火，既与经济发展的大趋势有关，也与中国一些独特的优势有关，比如：网民大国优势、后发优势、制度和政策环境优势、崇尚节俭和共享的文化优势等。

如果说共享经济的概念和原型都发端于美国并逐渐风靡全球，那么时至今日，共享经济在中国的发展却最为亮眼，并在很多方面走在了世界前列。近年来，中国共享经济发展之快、影响之大，几乎超出了所有人的预料，不断挑战人们的想象力，以至于许多人用“红火”“火爆”等字眼来形容中国共享经济的发展表现。2017 年中国共享经济交易额达到 49025 亿元，融资规模达到 2160 亿元，平台员工数为 716 万人，提供服务者人数为 7000 万人，使用者人数达到 7 亿人，这样的规模、数量目前只有中国能做到。与此同时，中国共享经济领域的新业态、新模式开始在全球发挥引领作用。中国共享经济的表现之所以很火，既与经济发展的大趋势有关，也与中国一些独特的优势有关。

一是网民大国优势。到 2017 年底，中国网民规模达 7.72 亿人，互联网普及率为 55.8%，中国手机网民规模达 7.53 亿人（占比为 97.5%）。各类手机应用的用户规模不断上升，应用场景更加丰富，手机网上支付比例达到 65.5%。大规模的网民市场，为创新提供了丰富的应用场景，也使得许多创新应用一旦面世就能很快地达到网络经济所需要的用户规模。正是网民规模这一独一无二的优势，使得许多共享经济业态在中国可以很好地发展，但在其他许多国家却不容易发展起来。

二是后发优势。中国在工业化任务还没有完成的情况下就迎来了共享经济发展的机遇，痛点越多共享经济的机会就越多。

三是制度和政策环境优势。中国实行集中统一领导的政治制度，有利于形成上下一致的政策环境，也使得新生业态少了许多误解和制度成本。在美国，优步（Uber）和爱彼迎（Airbnb）起步阶段要一个州一个州地去打官司，可以说是一路打拼过来的。相比之下，中国的共享经济平台就少了许多这样的麻烦。中国政府对于以共享经济为代表的新业态给予了充分的肯定和支持，明确提出了“包容审慎”的监管原则，为共享经济发展创造了良好的政策环境。2016 年 3 月，发展分享经济首次被写入中国的《政府工作报告》，明确要“支持分享经济发展，提高资源利用效率，让更多人参与进来、富裕起来”，同时提出“以体制机制创新促进分享经济发展”。随后发布的《中华人民共和国国民经济和社会发展第十三个五年规划纲要》提出：“促进‘互联网 +’新业态创新，鼓励搭建资源开放分享平台，探索建立国家信息经济试点示范区，积极发展分享经济。”2016 年 7 月，《国家信息化发展战略纲要》发布，强调要“发展共享经济，建立网络化协同创新体系”，分享经济成为国家信息化发展战略的重要组成部分。2017 年，正式出台了《关于促进分享经济发展的指导性意见》。随后，各部门、各地区陆续出台了相应的关于促进和规范共享经济发展的相关政策、规划。目前已初步形成了较为完整的共享经济发展政策体系，这在全球都是不多见的。

四是崇尚节俭和共享的文化优势。中国传统文化向来崇尚节俭，将节俭视为中国人的一项传统美德。《左传》就认为："俭，德之共也；侈，恶之大也。"《论语》中也记载了孔子的言论："奢则不孙，俭则固。与其不孙也，宁固。"对于共享经济的发展而言，节俭的消费理念是很重要的文化背景。由于中国人的节俭理念根深蒂固，中国人也更容易接受共享经济的理念，参与共享经济活动。同时，从远古的大同社会理想到现代的共产主义理想教育，使得中国人对共享理念有着特有的偏好，比较容易理解和接受。

除上述几个独特优势外，中国共享经济快速发展还得益于一些特定的背景和条件。比如新时期转型发展带来的强大需求。党的十八大后，中央对经济发展阶段性特征进行了分析，提出了"三期叠加"的论断，即增长速度换挡期、结构调整阵痛期、前期刺激政策消化期的重叠，在此基础上做出了经济发展进入速度变化、结构优化、动能转换的"新常态""新时期"的重大判断。"新常态"下，亟须通过发展以共享经济为代表的新业态，培育新的经济增长点，形成新的增长动能。

此外，中国互联网经济和企业发展迅猛，百度、阿里巴巴和腾讯等互联网巨头建立起了丰富的数字化生态圈，并在不断拓展延伸，也为共享经济创业企业的发展提供了丰富的资源和发展经验。中国互联网企业在发展过程中积累了大量经验，可供共享经济创业公司借鉴，同时也培养了一大批互联网人才，可供共享经济创业公司所用。

知识点

中国发展共享经济有自身的独特优势，如网民大国优势、后发优势、制度优势、文化优势等。

思考题

如果中国的网民普及率提高到 80% 甚至更高，会不会培育出更多的超级共享平台？

Q2 为什么说中国的共享经济正在引领世界？

中国共享经济发展时间虽然不长，但网络化的特质加上中国的独特优势，大大加快了中国共享经济企业从模仿到创新、从跟随到引领、从本土到全球的进程，在市场规模、创新应用以及制度探索等方面，走在了世界前列。中国正在成为全球共享经济创新者和引领者。

共享经济是创新发展的结果，也是创新发展的动力源泉，正在改变全球生产方式、生活方式和思考方式。中国共享经济发展时间虽然不长，但网络化的特质加上中国的独特优势，大大加快了中国共享经济企业从模仿到创新、从跟随到引领、从本土到全球的进程，在市场规模、创新应用以及制度探索等方面，走在了世界前列。网约车、共享单车、共享民宿、共享 Wi-Fi 等业态已经在海外试水，越来越多的新业态也将加速向海外拓展，中国正在成为全球共享经济的创新者和引领者。

一是共享经济规模全球最大。无论是平台数量、交易额、融资额，还是平台员工数、服务者人数、用户人数，中国共享经济的规模都是全球最大的。

二是新模式应用领跑全球。依托转型发展的强大需求、网民大国红利、节俭的文化以及成功的实践，中国共享经济领域模式创新应用取得了巨大成就。一方面，网约车、在线短租等一些源于国外的商业模式进入国内市场后，在短时间内涌现出大量的企业，形成了较大的市场份额，起到了示范带动效应。另一方面，近年来共享单车、网络直播、产能共享等领域的新模式继续涌现，模式创新表现出极强的活跃度。

三是一批创新型企业的国际竞争力显著提升。根据 CB Insights 公布数据，截至 2017 年底，全球独角兽企业共有 223 家，其中中国企业达到 59 家，占总数的 26.5%，其中具有典型共享经济属性的中国企业占比超过 33%。在全球十大独角兽榜单中，中美两国各领风骚，中国有滴滴出行、美团点评、今日头条、陆金所等 4 家共享经济企业位列其中。由于拥有全球最多的网民和智能手机用户，中国在诸多共享经济领域的单一平台也很快能在全球领先。

中国共享经济企业国际化步伐显著加快，通过海外业务拓展、国际化投资与合作等方式，大幅提升全球竞争力。共享单车在短短一年时间内，已经在全球 20 多个国家布局。运满满研发了越南语、阿拉伯语、俄语等多语种的国际版 App，将服务范围拓展至中亚、东盟等“一带一路”沿线国家。小猪短租在线房源已经覆盖全球 100 多个城市，在有华人的欧美国家，几乎都有小猪的房源。VIPKID 推出全球首个采用 100% 浸入式教学法的在线少儿中文教育平台，正式发力中文出海业务，平台学员来自美国、加拿大、埃及等 28 个国家和地区，中文教师申请人数达到 4000 余人。在近三年时间里，滴滴出行通过投资或产品技术合作等形式，将全球合作网络延伸至北美、东南亚、南亚、南美等地区的 1000 多个城市，覆盖全球 70% 以上的市场。

四是制度创新探索引领全球。宽容的政策环境与积极的制度探索是中国共享经济取得迅猛发展的重要推动力。近年来，在“放管服”改革持续深入的形势下，共享经济发展迎来了良好的政策环境，发展较快领域的制度创新不断推进，从中央到地方，一系列政策文件相继出台，对共享经济的发展起到重要的指导作用。中国确立的“鼓励创新、包容审慎”基本原则，确立了共享经济发展总基调。

五是共享经济“中国式创新”引发全球关注。以共享单车为例，国外共享单车市场多是插卡缴费、固定位置，而我国的共享单车则利用移动支付、GPS 定位、App 扫码功能，打造了一个全新的商业模式。美国彭博社、英国《金融时报》、日本《日本经济新闻》、德国“德国之声”、西班牙《发展报》等媒体都对我国共享经济发展给予了高度关注和赞誉。《纽约时报》针对中国共享经济的创新势头评论道：“现在，轮到硅谷山寨中国企业了。”“中国抄袭美国的时代过去了，在移动领域，美国已经开始抄袭中国。”我国共享经济创新也受到国外企业家的赞誉，爱彼迎联合创始人、首席战略官内森·布莱查奇克指出，“与其他国家相比，中国对于共享经济的创新模式更为认可、热情更高、反应更快”。

知识点

中国共享经济规模大、企业强、应用广、创新多、政策好。

思考题

未来在哪些领域中国共享经济可以发挥龙头作用?

Q3 共享经济是怎么兴起的?

现代意义上的共享经济大致经历了三个关键点:20 世纪 90 年代互联网时代的来临、2008 年国际金融危机的爆发以及 2013 年之后资本市场的热捧。总的来说,共享经济的兴起与发展是技术、经济、文化、制度等多种因素综合作用的结果。在市场需求拉动、信息技术推动、资本助推及政策的鼓励下,昔日共享经济的星星之火已成燎原之势。

从蹒跚起步到风靡全球,共享经济成长经历中有三个关键的时间点。

共享经济发展的第一个关键时间点是 1993 年,标志性事件是互联网开始商业化应用,使得共享经济成为可能。如果没有互联网,现代意义上的共享经济也就无从谈起了。互联网与生俱来的开放协作特质,推动了一个乐于创造和共享的时代的到来。最早出现的共享平台当然是文件、音乐之类的内容平台,到 20 世纪 90 年代后期开始出现一些实体物品的共享平台,如 Zipcar 这样的汽车共享平台。2000 年后,随着互联网普及率的进一步提升以及电子商务理念和模式的成熟,共享平台开始逐步增多。在互联网大潮的影响下，一批“海归”回国创业，我国互联网产业开始发展，出现了一批基于互动式问答的知识分享网站和一些众包平台，如K68、威客中国、猪八戒网等。这一时期，共享经济的发展仍处于萌芽阶段，似星星之火，尚未形成燎原之势。

共享经济发展的第二个关键时间点是2008年，标志性事件是全球金融危机爆发，促成共享经济走上了高速发展的快车道。金融危机对共享经济的加速促进作用体现在三个方面：一是刺激了需求的爆发。金融危机在美国爆发后迅速蔓延到全球，并波及实体经济领域。突如其来的金融海啸让无数人失去了赖以养家糊口的唯一工作，面对大幅降低的收入和严重缩水的资产，人们不得不放弃以往优越甚至有些铺张浪费的生活习惯，开始过起精打细算的朴素生活。也是在这个时候，基于互联网平台的共享经济开始迅速发展。二是刺激了技术的快速应用。金融危机的爆发大大加快了创新驱动的进程，大数据、云计算、物联网、移动互联网、人工智能、数字地图、在线支付、现代物流等新一代信息技术及其创新应用层出不穷。如果没有金融危机，这些技术度过“沉默期”的时间可能还要长一些。正是这些技术和创新应用为共享经济提供了最强推动力和重要支撑。比如移动互联网的发展以及智能终端的普及，实现了参与者的泛在互联，移动支付和基于位置的服务让共享变得简单快捷。大数据分析技术等创新发展使得资源供需双方匹配更加精准高效，极大地降低了个体之间碎片化交易的成本。社交网络的发展、社会信用体系和信用评价机制的不断完善，为陌生人之间基于网络平台的共享活动提供了保障，新的信任关系逐步形成。三是刺激了积极政策的出台。为走出金融危机阴影，世界各国都在寻求突破，对新业态、新模式寄予厚望，使得共享经济有了一个较好的政策环境和舆论氛围。目前，世界上发展较早成长较快的共享平台大多都是这一时间段开始创立的，比如优步、爱彼迎等。伴随着国外共享经济的快速发展，国内众多领域的共享型企业也开始大量涌现，出现了如滴滴出行、途家网、小猪短租、饿了么、人人贷等共享平台。

共享经济发展的第三个关键时间点是 2013 年，标志性事件是资本开始大量涌入，推动了共享经济的迅速崛起。根据 Crowd Companies 的统计，2010—2013 年，全球流向共享经济的投资额累计 43 亿美元，而 2014 年和 2015 年两年的投资额则高达 85 亿美元和 142.06 亿美元，两年内增长了 5 倍多。2016—2017 年，互联网行业投融资相对趋冷，但共享经济企业的融资规模继续保持大幅扩张。国家信息中心研究报告显示，2016 年和 2017 年中国共享经济领域融资规模分别为 1710 亿元和 2160 亿元，增速远超过互联网整体投资水平。在资本市场助推下，优步、爱彼迎、滴滴出行等领先企业的市场规模、业务覆盖范围迅速扩大，国际影响力显著提升。先行企业的示范效应带动了其他各领域共享经济模式的兴起，在交通出行、生活服务、知识技能、制造业等领域，全球范围内涌现出一批创新型共享平台企业。

在技术、市场、资本及政策等多种力量的共同作用下，共享经济的星星之火已成燎原之势。

知识点

共享经济发展经历了三个关键的时间点：1993 年、2008 年、2013 年。

思考题

为什么历史上每一次重大的经济危机过后都会伴随有新一轮技术创新高潮？

Q4 发展共享经济有哪些好处？

从微观层面看，共享经济具有许多明显好处：低成本、低门槛、低污染，高效率、高体验、高可信。从宏观层面看，共享经济对实现一系列国家发展战略目标和任务都能发挥重要作用。

从微观层面看，共享经济的好处可以简单概括为“三低三高”，即：低成本、低门槛、低污染，高效率、高体验、高可信。

从宏观层面看，共享经济对实现一系列国家发展战略目标和任务都能发挥重要作用。

——共享经济是落实“创新、协调、绿色、开放、共享”五大发展新理念的重要抓手和切入点。发展共享经济可以大大提高资源配置效率，拓展经济增长新空间，更好地满足人们对美好生活的需求。

——发展共享经济有利于推进供给侧结构性改革，有助于推动制造业、农业和服务业的转型升级。在制造业领域，从供给的角度讲，共享经济能够调动全社会的优质资源参与整个生产过程，加速促进生产制造的网络化、智能化。从需求的角度看，共享经济能够让用户参与生产过程，更好地满足用户需求。在一定意义上说，共享经济就是制造业从工业 3.0 向工业 4.0 升级的重要体现。在农业领域，当前新兴的定制化农业、体验化农业、休闲农业、观光农业、农业 O2O 等发展新模式中都带有共享经济的基因，很大程度上就是共享经济在农业领域的实现与应用。共享经济进入农业领域，将有助于盘活农村闲置资源，提高土地、水利设施、农机设备等利用效率，帮助农村劳动力创业就业，建立和完善农产品质量保障体系。此外，共享经济发展还可以进一步优化和提升服务业，目前共享经济发展最快、渗透最为广泛的领域主要集中在服务业，其影响与作用已广泛被社会所认可。

——发展共享经济，有利于降低创新创业门槛和成本，大幅提升公众的参与感和获得感，促进社会包容性发展。拥有闲置资源或者一技之长的人们，都可以借助于各类共享平台找到自己的“客户”，通过提供相应的产品和服务获取收入，从而实现更加灵活的创新创业。在这个过程中，消费者在更深层次上参与到产品生产和服务活动中，其参与感和收获感也随之显著提升。

——发展共享经济有助于提升和充分实现个体价值。美国思想家阿尔文·托夫勒在《第三次浪潮》中提出：“随着第三次浪潮的闯入，由它所带来的时间观念完全不同了。如果第二次浪潮把生活的步伐与机器结合在一起，那么第三次浪潮就要向这种与机器同步化的生活挑战，改变我们的生活基本节奏，并在这一改变过程中，把我们从机器的束缚中解放出来。总之，时间本身也非群体化了。”共享经济发展带来了更多的灵活就业机会，过去必须依赖企业等组织才能完成的商业行为，现在个体通过网络平台完全有可能独立完成。人们可以在越来越大的程度上自由掌握工作时间和空间、自由选择和转换职业。在传统雇佣模式下，个体的作用与价值体现需要得到组织的认可，共享经济发展在改变传统雇佣模式的同时，使得任何一个具有一技之长的个体都有可能借助共享平台直接为用户、为社会提供服务，个体的创造力和工作价值得到更充分的重视和放大。

此外，共享经济创新实践还推动着社会发展理念创新。共享经济不仅是一种新的业态和新的商业模式，也是一种新的消费理念，更是一种全新的发展理念。发展共享经济是贯彻创新、协调、绿色、开放、共享的发展理念的集中体现，有助于推动整个社会发展理念的创新。

知识点

共享经济在微观层面和宏观层面都具有明显的好处和作用。

思考题

为什么共享经济在中国更受青睐？

Q5 共享经济是阶段性现象吗？

共享经济是经济社会发展内在需求和技术创新相结合的必然产物，是大趋势而不是阶段性现象。

“在这个星球上，没有什么是不能从别人那里分享的。30 美元一晚的客房，8 美元一天的自行车，9 美元一小时的皮卡，10 美元一天的停车位，6 美元一天的割草机。如果你去参加聚会但是缺一个爱马仕手包，那么花 100 美元就能用一天；如果你想出海但是没有游艇，那么花 300 美元就能拥有一天；那出门时没人照看宠物狗怎么办？只需要花 5 美元就会有人来帮你遛狗……”2013 年 3 月 9 日出版的《经济学人》杂志的封面文章《共享经济》（*The Sharing Economy*），描述了以上情景。

时至今日，共享经济已经风靡全球，深入我们的生活。共享的实践大受欢迎，共享的理念广泛传播，共享的创新探索层出不穷。著名未来学家与经济学家杰里米 · 里夫金（Jeremy Rifkin）甚至预言，共享经济会在 21 世纪下半叶成为人类社会主导的经济形态。到那个时候，个人既是生产者也是消费者，通过互联网可以共享物品、信息、能源和服务；生产率极高、边际成本接近为零，所有权被使用权所代替，交换价值被共享价值所代替。

另一方面，从中国的实践层面看，出现了共享雨伞、共享篮球、共享睡眠舱等各式各样的共享项目，包括珠宝之类的个人物品也被用以共享。各种名目让人眼花缭乱，其中也不乏很快被叫停的项目。但也有人认为，迅速“蹿红”的共享经济只是一种阶段现象，甚至是一种概念的炒作。

无论从实践还是从理论上分析，共享经济都是经济社会发展内在需求和技术创新相结合的必然产物，是大趋势而不是阶段性现象。

共享的理念之所以广泛流行，归根结底在于传统经济模式中资源获取成本过高、供需严重失调、资源浪费与稀缺并存。与其以较高的代价来购买、维护、保养某项资源，获得它的所有权，但大部分时间只能闲置，不如转变观念，看淡所有权，真正重视能够发挥资源效用的使用权，以较为低廉的成本获得更加优质、便捷的服务。这也是共享经济的核心要义。更为重要的是，以移动互联网、大数据、云计算等为代表的新一代信息技术为这种新业态、新模式的发展提供了可能。

共享经济既是一种新的商业模式，也是一种新的资源配置方式。作为一种经济活动，企业参与其中不是为了共享而共享，而是为了给用户带来最优化极致体验。这种最优化体验通常来自多个方面，如更低的成本、更高的效率、更个性化的体验、更丰富的应用场景等。共享的理念之所以在短时间内广泛流行，归根结底还是在于，与其他的资源配置方式和商业模式相比，它的效率更高、用户体验更好。

从经济学的角度看，判断任何一种新经济形态的产生并能普及的关键在于，它能否通过制度或组织创新使得交易成本最小化。诺贝尔经济学奖得主罗纳德·科斯曾说过，因为交易成本太高，许多潜在的交易无法产生。共享经济是基于对闲置、海量资源使用权的共享而产生的，但在没有移动互联网、大数据等现代信息技术支撑的条件下，不管是寻找可供给的闲置资源，还是寻找对某类资源有需求的潜在用户，以及供求之间的精准匹配，成本都是相当高的。互联网尤其是移动互联网的出现，大大降低了资源所有者（供给方）和需求方的信息不对称，降低了交易过程中相互寻找、讨价还价、安全保障等成本，使得过去因为成本过高而无法实现的潜在交易成为可能。现代信息技术支撑下的共享经济的发展，是技术因素影响交易成本的一个典型例子。

在这种模式下，平台一方面具有了一定的市场功能，另一方面也超出了传统的市场意义，突破了传统市场的时间空间限制，并且具有显著的规模效应和双边效应，即不论供给方还是需求方，一方数量的增加会对另一方产生更大的吸引力；用户越多，系统撮合和精准匹配成功的可能性就越大。用户达到一定规模，大规模的定制化、精准化需求满足就成为现实，从而通过改善用户体验来提高用户黏性。

正如农耕养殖取代狩猎采集、工业经济取代农业经济是时代的必然一样，在生产力明显过剩、资源环境压力加剧、技术创新支撑力不断增强的大背景下，共享经济的涓涓细流已经汇聚成一股不可阻挡的时代浪潮。凯文·凯利在《必然》一书中所言，未来 30 年中的最大财富和最有意思的文化创新都会出现在共享领域。到 2050 年，最大、发展最迅速、营利最多的企业将是掌握了当下还不可见、尚未被重视的分享要素的企业。任何可以被分享的事物——思想、情绪、金钱、健康、时间，都将在适当的条件和适当的回报下被分享，都能以上百万种我们今天尚未实现的方式，被更好、更快、更便利、更长久地分享。在我们历史的这一刻，将从未被分享过的东西进行分享，或者以一种新的方式来分享，是事物增值的最可靠的方式。到那个时候，个人既是生产者也是消费者，通过互联网可以共享物品、信息、能源和服务；生产率极高、边际成本接近为零，所有权被使用权所代替，交换价值被共享价值所代替。

总之，在各种市场因素的作用下，技术创新应用的步伐不会停止；同时，人们已经被激发出来的对更方便快捷、体验优化的服务的需求不可能被重新抑制。人们对更美好生活的强大需求，加上现代信息技术的有力支撑，共享经济新业态必将成为未来经济发展大趋势。

知识点

共享经济都是经济社会发展内在需求和技术创新相结合的必然产物，是适应信息社会发展的新型经济形态，是人类社会发展的大趋势。

思考题

共享经济之后会不会有更有效的资源配置方式呢？

Q6 共享经济治理创新应把握哪些基本原则？

在实践和研究探索中，大家对共享经济治理创新的原则逐步达成了一些共识，比如：鼓励创新，包容审慎；多方参与，协同治理；底线思维，弹性平衡；分类施策，区别对待；有的放矢，精准有效。

共享经济还在发展，监管创新也需要不断推进。监管创新的内容和手段会有变化，但都应该遵守一些基本原则。2017 年 7 月 3 日，国家发改委等八部委联合下发《关于促进分享经济发展的指导性意见》，提出要“按照‘鼓励创新、包容审慎’的原则，发展与监管并重，积极探索推进，加强分类指导，创新监管模式，推进协同治理”。《意见》出台以来，社会各界围绕监管原则开展了很多讨论，逐步达成了一些共识。

——**鼓励创新，包容审慎。**监管的目标应该是维护公平竞争，强化发展保障，支持和引导各类市场主体积极探索共享经济新业态新模式。对共享经济存在的问题要积极应对妥善解决，但目的是促进创新保护发展，而不是相反。很多问题都是发展中的问题，通过技术、模式迭代创新和通力合作很快就可以较好解决，不能看到出现一些问题就痛下杀手，在出台准入性政策时一定要慎之又慎。

——**多方参与，协同治理。**政府、平台企业、行业协会、资源提供者、消费者都是共享经济监管主体的重要组成部分，要各负其责，通力合作。政府部门要制定规则，协调各方，提供保障，监督执行。平台企业要履职尽责，强化社会责任担当，加强内部治理和安全保障，严格落实网络主体资格审查，保护消费者合法权益，积极协助政府监督执法和权利人维权。行业协会等有关社会组织要推动出台行业服务标准和自律公约，完善社会监督。资源提供者和消费者要强化道德约束，实现共享共治，促进共享经济以文明方式发展。

——**底线思维，弹性平衡。**共享经济的发展处于“正在进行时”，平台治理要特别注意协调好短期与长期的关系，建立创新友好、动态调整的治理模式，留有一定的容错空间是明智的。对一些尚处于成长发育期、暂时看不准的业态和模式，可以适当放松尺度，“让子弹飞一会儿”，根据“事后”结果评估其发展成效，再采取适当的审慎监管；对于那些发展了一段时间、看得准、有发展前景的业态和模式，要在“事中”通过对其经营活动进行“量身定制”式的监管，以促进规范发展。新生事物的特点往往就是新、快、不定型，对共享经济的监管应该坚守底线思维，只要没有越过底线，就可以先观察一段时间。当然，底线思维还有另外一层含义——越过底线该管就得管了。政府部门、平台企业、资源提供者、用户的行为都应该有底线，不该做的事坚决不做。对共享经济而言，平台与社会之间的关系底线是国家安全、社会稳定；平台生态内的关系底线是保障用户基本权益；平台生态之间的关系底线是维护公平的市场竞争秩序。底线思维要求平台治理充分把握业务、模式创新与经济、社会稳定之间的关系，尽量减少创新对社会的负面影响。当然，底线也不是一成不变的，在不同的领域、不同的发展阶段会有不同的底线，可能需要动态平衡。

——分类施策，区别对待。共享经济是一种资源配置的新模式，也是一种新的发展观，可以应用到所有资源、所有领域。产品、空间、知识技能、劳务、资金、生产能力等共享经济六大领域及其细分领域，每一个共享经济的新模式、新业态都有其特定的对象、标准、利益相关方及其相应的诉求。比如，出行产品共享领域里网约车、共享单车、共享汽车等有明显区别，空间分享领域里共享住宿、众创空间、共享办公、共享田园等特点也各不相同。因此，要合理界定不同行业领域共享经济的业态属性，分类细化管理。

——有的放矢，精准有效。一方面，对于看不准的问题要认真研究，不能乱用权力胡乱执法；另一方面，对于看得准的问题要果断出手，务求实效。这方面在网约车、共享单车、餐饮外卖、P2P 借贷、房屋短租等领域正反两方面都有一些执法案例和事件发生，应该总结经验汲取教训。其实，网络经济条件下，大数据等技术也为精准施策提供了新的手段。与传统交易平台相比，共享经济平台拥有巨量分散的用户群体，已有的人工治理模式已经难以为继，需要充分发挥平台的大数据优势，充分利用云计算、物联网、人工智能等技术，创新治理手段。积极引导平台企业利用大数据监测、用户双向评价、第三方认证、第三方信用评级等手段和机制，健全相关主体信用记录，强化对用户的身份认证、信用评级和信用管理，提升源头治理能力。充分运用大数据等手段创新统计调查方法，推动部门统计信息共享，多渠道收集相关数据并建立数据库，加强在线与远程电子数据证据采集、固定和分析工作，完善数据治理模式。

知识点

监管创新需要把握一些基本原则，“鼓励创新、包容审慎”是总基调，也是第一原则。

思考题

共享经济监管为什么强调“分类施策”？

第二章

共享经济的本质是什么

Q7 什么是共享经济？

Q8 共享经济有什么特征？

Q9 共享经济共享的一定是闲置资源吗？

Q10 哪些产品和服务可以被共享？

Q11 哪些产品和服务不适合被共享？

Q12 共享经济有哪些基本模式？

Q13 共享经济一定是轻资产运行吗？

Q14 分时租赁是共享经济吗？

Q15 用专门购置的物品开展租赁服务算不算共享经济？

Q16 容易被成功共享的产品和服务有什么共性特点？

Q7 什么是共享经济?

共享经济是指利用互联网等现代信息技术，以使用权分享为主要特征，整合海量、分散化资源，满足多样化需求的经济活动总和。共享经济是信息革命发展到一定阶段后出现的新型经济形态，是整合各类分散的资源、准确发现多样化需求、实现供需双方快速匹配的最优化资源配置方式，是信息社会发展趋势下强调以人为本和可持续发展、崇尚最佳体验与物尽其用的新的消费观和发展观。

我的东西在不用的时候可以提供给别人使用，我也可以从别人那里得到帮助，而且可以借助互联网方便快捷地实现，这就是简单的共享经济原型了。当然，要想从理论上弄清楚，事情就要复杂得多了。

首先，我们要弄明白一件事：没有互联网就没有现代意义上的共享经济。也就是说，我们现在所说的共享经济是建立在互联网基础上的。有人说，英文中的“共享经济”（Sharing Economy）一词最早出现在18世纪末期，但人家强调的是员工与企业共享发展收益，与我们现在讨论的建立在互联网基础上的共享经济显然不是一码事儿。也有人说，现代意义上的共享经济理念可以追溯到1978年，美国社会学教授马科斯·费尔逊（Marcus Felson）和琼·斯潘思（Joe L.Spaeth）发表了《社区结构与协同消费：一个常规方法》一文，首次提出了“协同消费”（Collaborative

Consumption）的概念，其核心是“人们需要的是产品的使用价值，而非产品本身”，这一概念也蕴含着租用比购买更实惠的理念。但那时的“协同消费”顶多算是租赁经济，有一定的共享经济基因，其范围、对象、数量与现在的共享经济也是无法相比的。

其次，共享经济与分享经济都是来源于同一个英文单词“Sharing Economy”，即二者原本就是一回事。至于有人乐于追究二者之间的区别与联系，可以不必太在意。其实，对于这样一种新的业态，理论界在给它起名字时用过的词语还有不少，比如“Collaborative Economy”（协作经济）、“peer-to-peer Economy”（点对点经济）、“Access Economy”（使用权经济）、“on-Demand Economy”（按需经济）、“Gig Economy”（零工经济）、“Collaborative Consumption”（协同消费）等。这都可以看作是从不同的角度得出的结论或做出的选择，都有一定的可取性，当然也都有一定的局限性。本着求同存异的态度就会发现，人们对共享经济的认知蕴含着一些关键的共同点：存在产权明晰的资源，以网络平台为媒介与其他人分享使用权，既获得了经济上和精神上的回报，也提高了全社会的资源利用效率。

最后，共享经济实践发展很快，对共享经济的认识也有一个不断提高和加深的过程。像搜索引擎、网络游戏、电子商务、智慧城市等信息技术创新应用一样，大家对共享经济的认知主要还是从实践观察得来的，随着时间的推移，更加深入的研究型结论乃至理论体系才逐步建立起来。主要是借助互联网，各类技术和应用发展太快，而且一旦出现就会有大量的人使用。就像微博、微信、网约车、共享单车、网络直播等在很短时间内就可以发展到上亿人的应用规模。这种状况与农业社会、工业社会大不相同——全新的事物以前根本没见过，速度之快让人们来不及反应，影响之广往往也超出人们的想象。理论研究滞后于实践发展，是新业态发展的一个基本常态。也正是因为如此，前些年关于共享经济的观察和研究多是以前期出现的优步、爱彼迎为原型，很多人便以为这才是共享经济，其他与之不同的便是“伪共享经济”。后来的实践发展不断丰富，人们对共享经济的认识也发生了很大变化。

在 2016 年 2 月发布的第一份《中国分享经济发展报告（2016）》年度报告中，我们给分享经济下的定义是：“分享经济是指利用互联网等现代信息技术整合、分享海量的分散化闲置资源，满足多样化需求的经济活动总和。”强调了分享经济的三个基本内涵：新模式、新业态、新理念。同时描述了从经济、技术、社会、文化等不同角度观察到的分享经济的几个表现特征，比如网络化、使用权分享、大众参与、以用户为核心、用户体验最大化、绿色环保等。后来的实践快速发展，出现了多种新的共享经济模式和业态，用于分享的资源已经不局限于闲置资源，企业间的分享也多了起来，这也引发了大家的疑虑和争议。

所以，在 2017 年 2 月发布的《中国分享经济发展报告（2017）》中，我们对分享经济的定义进行了一些调整：“分享经济是指利用互联网等现代信息技术，以使用权分享为主要特征，整合海量、分散化资源，满足多样化需求的经济活动总和。”主要做了两处改变，一是去掉了“闲置”二字，二是增加了“以使用权分享为主要特征”。

党的十九大报告中明确使用共享经济概念后，我们在正式研究报告中也逐步统一使用“共享经济”一词。在 2018 年 2 月发布的《中国共享经济发展年度报告（2018）》中，对于如何鉴别共享经济强调了三个标准：

基于互联网的智能化资源配置、大众参与、使用权分享。这样就可以很容易将共享经济与一般性的电子商务、分时租赁等区别开来。

共享经济渗透至从生产到生活的各个领域，参与者既可以是个体，也可以是企业或其他社会组织；共享内容既可以是有形的物品，也可以是无形的知识技能和服务等。因此，共享经济的内涵可以有广义和狭义之分。

狭义的共享经济主要指“点对点经济”（peer-to-peer Economy），指的是单个自然人之间借助互联网平台，共享自己所拥有物品的使用权并获取收益。这种模式有两个关键点：一是自然人，二是实物。初期的爱彼迎和优步都属于这种模式，由个人将自己的房间或汽车分享给需要它们的人。其实质就是资源的出租再利用，并且属于典型的一对一、个人与个人之间的交易，只是这一切都通过网络来实现。

广义的共享经济则涵盖更多的内容。一是可分享的资源种类繁多，二是参与主体也不局限于个人。从分享的对象看，不仅仅是看得见摸得着的实物资源，还包括资金、时间、劳务、知识技能、生产能力等，如基于互联网平台的点对点借贷活动（P2P 借贷）、社区家政和劳务分享，各种知识和技能共享平台等。另外，个人的兴趣爱好、特殊体验和心情，也都可以通过微博、微信、QQ 等社交平台分享，这类活动也可归为分享活动。当然这类分享的目的并不在于获取收益，而在于得到更好的社交体验。从参与主体来看，广义的共享经济参与主体还包括企业和社会组织等机构，如公司能够通过互联网将多余的办公场地和设备出租出去。

知识点

鉴别共享经济的三个标准：基于互联网的智能化资源配置、大众参与、使用权分享。

思考题

为什么人们对什么才是真正的共享经济会有那么多的争议？

Q8 共享经济有什么特征？

与传统经济模式相比，共享经济具有以下六个典型特征——一是技术特征：基于互联网平台的智能化供需匹配；二是主体特征：大众参与；三是客体特征：海量分散化社会资源的快速流动；四是行为特征：使用权分享；五是效果特征：用户体验第一；六是文化特征："不求拥有，但求所用"。

共享经济作为互联网时代一种全新的经济活动形态，其基本特点就是借助现代信息技术，以更少的资源满足更多的需求。具体而言，与传统经济模式相比，共享经济具有六个基本特征。

一、技术特征：基于互联网的智能化供需匹配

共享经济的本质是通过互联网整合线上线下资源，离开互联网，现

代意义上的规模化的共享经济将成为无源之水，无本之木。在共享经济实践中，大多数互联网平台不直接提供产品或服务，而是将参与者连接起来，发挥其“中介”作用。

平台的主要功能包括：

——整合资源。整合资源是平台的基本功能，共享经济平台上聚集了大量客源及货源，供给方与需求方只需要在平台上注册即可以最低成本获得对方信息，大大节省了寻找客户或供应方的时间成本和搜索成本。

——交易匹配。在运营过程中，平台利用大数据技术、位置服务、在线支付等技术手段迅速准确地实现供需双方的匹配和交易的实现。

——制定规则。平台需要制定整个分享过程中的交易规则，如时间约定、定价、交易双方的权责、反馈与评价机制、惩戒措施等。

——保障安全。共享经济大规模爆发的直接结果是我们需要面对各式各样的陌生人，并与之展开广泛的交易。因此，如何确保安全也成了平台非常重要的职责。

二、主体特征：大众参与

数量巨大的供方和需方的共同参与是共享经济得以发展的前提条件。在开放性的互联网平台上，普通个体只要拥有一定的资源和一技之长，就可以很方便地参与到共享经济中来。共享经济的参与者可以是任何的个人、社团、企业、联盟、政府等，参与者们为系统运转贡献着自己的力量，并从中获益。参与者身份也不是单一和一成不变的，而可能在多重身份之间频繁地转换，时而是产品和服务的供给者，时而是消费者。这一特点使参与者个体的潜能与价值都得到最大限度发挥。共享经济归根结底是人的经济。

三、客体特征：海量分散化社会资源的快速流动

现实世界的资源是有限的、稀缺的，但闲置与浪费现象也普遍存在。共享经济就是要将这些海量的、分散的各类资源通过网络整合、流动起来，让其使用价值最大化，满足日益增长的多样化需求，实现“稀缺中的富足”。

在很多国家，尤其是发达国家，过度消费带来的个人资源过剩的例子比比皆是。福布斯 2014 年的调查显示，美国家庭中 80% 的东西每个月用不到一次，闲置物品的数量三年中增长了 1000 倍。在中国，全国一共拥有 1.05 亿辆私家车，其利用率不足 10%，利用效率极其低下。事实上，现实生活中过剩的不仅是汽车、房屋等实体物品，还有人们拥有的现金、知识、技能、空闲时间和精力，以及每天产生的海量数据，这些资源都可以通过各式各样的分享平台去进一步创造价值。

四、行为特征：使用权分享

传统的经济活动，大都涉及产品和服务所有权在交易双方之间的转移，无论是购买汽车、房屋还是就餐，当我们付款之后，也就相应地获得了这些物品和服务的所有权，而且这种所有权是排他性的，不会与他人分享。但在共享经济活动中，交易双方主要通过所有权与使用权的分离，经常采用以租代买、以租代售等方式让渡产品或服务的全部或部分使用权。例如，爱彼迎平台上闲置房间的租用，网络上音乐的无限复制等。表面上看，人们是在分享房间、车等实体产品或虚拟服务，但实质却是在分割购买和租赁，是使用权的暂时性转移。

五、效果特征：用户体验第一

共享经济能增加供需双方的互动性。任何一种分享活动都是某个供给者和需求者之间的直接互动交流的结果，消费者会全程参与交易过程。这种互动和参与是用户体验的重要方面。

共享经济也能大幅增进个性化体验。以出租车行业为例，其提供的是单一的车型、单一的价格、单一的打车方式，用户体验较差。而共享经济能提供个性化的产品和服务，并提升用户体验。

共享经济还极大地提升了消费者主权。互联网所提供的用户评价功能巨大，用户不仅可以参与评价，而且其评价能够得到及时、公开、透明的反馈，并对其他消费者的选择产生直接影响，这将推动平台与供给方注重提升用户体验，努力改进服务。

六、文化特征：“不求拥有，但求所用”

如果你需要使用某种物品时，有人可以随时提供，那就没有必要什么东西都要购买了。汽车、房屋、机械、工具甚至知识技能、劳务用工，都可以通过共享的办法满足需求。

共享经济还带有极强的社会化交往特征。人既是一种高级动物，但更是一种社会动物，社会属性远远重于生物属性。因此，参与社会的交换、交往、互动是人的天性。共享经济能较好地满足人性中固有的社会化交往、分享和自我实现的需求。

共享经济促进了信任文化。社会信任是人们之间高水平、高效率合作、分工和交易的基础。共享经济有助于消除陌生人之间交往的障碍，促进社会信任和社会资本积累。当每一个人对于坐陌生人的车、住陌生人的家、上陌生人的家吃饭习以为常时，社会信任也就建立起来了。

此外，共享经济顺应了人类环保意识觉醒的全球趋势，有助于建立资源节约、低碳减排、环境友好的新生活方式。

知识点

共享经济有六个基本特征，共享平台有四个基本功能。

思考题

共享经济减少了资源利用，是否不利于经济增长？

Q9 共享经济共享的一定是闲置资源吗？

共享经济的目的是提高资源供需匹配效率和利用率，满足更多人的更多样的需求，做到物尽其用，减少浪费。所有未被充分利用的、存在市场需求的资源都有可能成为共享对象，包括完全闲置的资源、部分闲置的资源，还有一些很难以界定是否闲置的优质资源（如知识技能）。从实践发展看，教育、医疗等领域的优质资源共享将日益受到重视。

到目前为止，很多人对共享经济的认识还比较模糊，往往把国外发展比较早的企业如优步、爱彼迎等的做法作为标准模式，甚至是唯一模式，习惯于以“闲置资源”作为判定是否共享经济的核心标尺，以至于将后来出现的一些新模式称为“伪共享经济”。事实上，随着共享经济实践的不断发展，我们看到用于共享的并非完全是闲置资源。

首先，闲置资源并非共享经济发展的前置条件。现在我们看到的共享经济，其本质属性是基于互联网等现代信息技术的资源配置方式，即通过网络整合海量、分散的社会资源，通过智能化匹配实现使用权分享，进而更高效地满足多样化需求。共享经济的最终目的是要让资源的流动率提高，满足更多人的需求，做到物尽其用，减少浪费。无论是闲置资源还是稀缺资源，都可以通过共享方式发挥作用。

其次，共享经济模式能提高各种资源的利用效率。现实生活中难道仅仅是闲置资源才需要被利用起来吗？当然不是。共享经济是资源的智能化匹配，以大大提高资源的配置和利用效率，并在降低成本的同时极大地提升用户体验。无论是闲置资源还是紧缺资源，都可以通过智能化匹配发挥更大的价值。所以，共享经济的对象并不仅仅局限于“闲置资源”。所有未被充分利用的、需求强烈的资源都可以参与到共享经济中，其中包括完全闲置的资源、部分闲置的资源，甚至并非闲置的优质资源。

共享经济通过海量分散化资源的整合以及使用权的共享，得以让更多的人享用资源的使用价值。在互联网出现以前，由于时间和空间的障碍，加上对所有权的看重，资源的流动性非常低，因此我们对某一件物品的使用率的判断基于当下时空范围的判断。例如一场讲座或一堂课，当教室里座无虚席的时候我们是否可以判断这堂课的价值被充分利用了呢？其实远远不是，通过视频录制、网络传播，这堂课的价值将会带给更多的人，其价值和影响远远超过一个小小的课堂。因此，共享经济的出现重新定义了资源的使用效率，并打破了传统时空的限制，将更多未被充分利用的资源整合起来提供给更广泛的需求方。

最后，从共享经济领域的发展实践来看，许多新模式已经不再局限于所谓的闲置资源。比如共享单车，这显然不是闲置资源的共享，而是基于人们的需求创造出的共享的资源，它由平台企业拥有并投放市场。这种模式虽然饱受争议，但不可否认它符合共享经济的本质属性——基于使用权的共享提高利用效率，满足了长期未被解决的“最后一公里”出行痛点。比如全职的服务提供者，在生活服务领域的共享平台，有许多全职的服务提供者在提供配送、跑腿、保洁、医护等服务，这些服务提供者的时间、技能、劳务也都不能简单地看作闲置资源，其通过及时了解市场需求并精准地共享自己的能力，提高了整个社会的运行效率。再比如教育资源的共享，慕课等平台上汇集了大量名校名师等优质教育资源，这些课程并不是闲置资源，它们本身就服务于各学校的师生。但是，经过视频音频的录制，这些资源变成了可复制可共享的内容，并且可以服务于全社会。知识技能类的资源很难界定其是不是闲置资源，但却是未来共享经济的重要内容和方向。还有一些无形内容的共享，比如个人的兴趣爱好、经验、特殊体验和心情，也可以通过微博、微信、论坛、直播、QQ 等社交平台进行分享，如在近期受年轻人喜爱的视频直播类共享平台上聚集了大量此类内容，这些无形内容也并非所谓的闲置资源。

所有被市场需要的、未被充分利用的资源都可以参与到共享活动中。正如凯文·凯利所说，一切能被分享的事物都将被分享。

知识点

闲置资源可以被共享，优质资源也一样可以通过共享发挥更大作用。

思考题

你的生活工作中最需要共享哪些资源？

Q10 哪些产品和服务可以被共享？

从供给角度和共享对象看，共享经济可以分为产品、空间、知识技能、劳务、资金、生产能力的共享等六大领域。从需求角度看，共享经济又可以分成共享出行、住宿、吃饭、学习、就医、旅游、养老、设计、生产等。

从理论上说，现有绝大多数产品和服务都可以被共享，也都将被共享。从共享经济的实践来看，共享的产品和服务的范围是逐步扩大的，一般性的规律是从高度同质化、标准化的产品和服务，逐步向高度差异化、复杂化的产品和服务领域扩展。究其原因，主要是每一种产品和服务的共享都有其自身特点和独特的商业运营模式，发现这些模式都需要一个较长的时间过程。

以交通运输服务为例，优步和滴滴出行等专车服务是最早的共享服务模式，之后又出现了像人人快递、运满满等类型的物流共享服务模式，再之后是被称为中国“新四大发明”之一的共享单车服务、共享汽车服务。同时，许多创业者也正在探索飞机、轮船、火车等交通工具的共享服务。可以预计，如果飞机、轮船、火车的共享模式能够被有效地创造出来，那么交通运输领域的共享服务就能涵盖人与物、所有的运输工具和运输方式。

目前，共享的产品和服务已经扩展到生活和生产的许多领域，但这种扩展很不平衡。总体而言，与人们日常生活密切相关的出行、住宿、生活服务、文化娱乐等领域，共享的产品和服务种类繁多，共享模式应用较为广泛；相比之下，工业制造领域和农业生产领域由于产业链条长、环节多、生产流程复杂，在探索共享模式的过程中面临着更大的挑战，无论是采用共享模式的企业还是采用共享模式生产的产品都很少，有着巨大的发展潜力。

在分析可共享的产品和服务的范围时，必然要涉及共享经济类型的划分。目前来看，无论是国内还是国外，对共享经济的类型划分尚未形成一个统一标准，研究者的角度不同，划分的类型也不同。国家信息中心在综合各类研究的基础上，提出以共享对象划分共享经济的类型，并据此将共享经济划分为以下六大类。

一是产品共享，如汽车、自行车、设备、玩具、服装等，代表性平台企业有滴滴出行、优步、ofo、摩拜、Rent the Runway、易科学等。

二是空间共享，如住房、办公室、停车位、土地等，代表性平台企业有爱彼迎、小猪短租、WeWork 等。

三是知识技能共享，如智慧、知识、能力、经验等，代表性平台企业有猪八戒网、知乎网、Coursera、名医主刀等。

四是劳务共享，主要集中在生活服务行业，代表性平台企业有河狸家、阿姨来了、京东到家等。

五是资金共享，如P2P借贷、产品众筹、股权众筹等，代表性平台企业有LendingClub、Kickstarter、京东众筹、陆金所等。

六是生产能力共享，主要表现为一种协作生产方式，包括能源、工厂、农机设备、信息基础设施等，代表性平台企业有APPlestore、Maschinenring、沈阳机床厂I5智能化数控系统、阿里巴巴“淘工厂”等。

另外，从满足用户需求的角度，共享经济也可以包含以下种类：出行（滴滴出行/优步）、住宿（爱彼迎/小猪短租）、吃饭（回家吃饭/妈妈的味道）、穿衣（Rent the Runway/那衣服）、贷款（LendingClub/人人贷）、学习（Coursera/MOOC中国）、就医（春雨医生/名医主刀）、旅行（马蜂窝/百度旅游）、养老、生产（APPlestore/淘工厂）等。

知识点

对共享经济可以从多种不同的角度划分类别，比如从供给的角度可以分成六大领域。

思考题

我拥有的资源中，哪些可以共享给别人使用呢？

Q11 哪些产品和服务不适合被共享？

从经济分析的角度，结合共享经济的发展实践来看，不适合共享的主要是两大类产品和服务：具有排他性使用权的产品和服务，高度专用性资产。同时，与法律、道德、宗教相抵触的产品和服务也不适合共享。

尽管人们认为可共享的产品和服务是没有边界限制的，绝大多数产品或服务都可以以不同的方式被共享。但是从共享经济发展的实践经验看，还是有相当多的产品和服务难以被共享或难以被有效地共享。

从经济分析的角度，结合共享经济的发展实践来看，难以共享或不能有效共享的主要是如下两大类的产品和服务。

一是具有排他性使用权的产品和服务不能被共享。排他性使用权最为典型的是一次性消费品和服务。以食品为例，一盒饼干一旦被一个人消费，其他人就没有机会再消费了，这也就意味着饼干不可能被共享。同样，像电影院、剧场和体育现场比赛的门票也是一种排他性消费。

二是高度专用性的资产。专用性资产是指由特定的经济主体拥有或控制，只能用于特定用途的资产。由于专用性资产仅限于极其有限的用户，因此很难被完全有效共享。例如，专用的机床或面向特殊产品的高度专业化的生产线，很难得到有效共享。最为极端的例子是国防设施和武器装备，仅限于合法的政府所有和所用，是绝对不能被共享的。

除了经济方面的原因导致有些产品和服务不能被共享外，在一个依法治国、坚守道德底线、尊重宗教信仰的社会，什么能共享、什么不能共享，还将受到法律法规、道德规范以及宗教底线等方面的严格限制，遵守这些限制是共享经济规范健康发展的基本条件。

——法律底线。如同其他经济活动方式和领域一样，共享经济领域也不是法外之地，同样受国家法律法规体系的制约。以资金共享为例，有关部门在对共享金融进行监管时一直在强调如下的法律底线原则：一是决不允许共享金融平台设立资金池。因为设立资金池，就意味着共享金融平台与传统的金融中介机构没有任何实质性差别了。二是决不允许共享金融平台提供担保服务。如果共享金融平台为参与者提供担保，也就与共享金融共享收益、共担风险的宗旨相冲突，而且会导致巨大的坏账风险，甚至可能引发系统性金融风险。三是决不允许非法集资。如果不对共享金融的资金募集方式加以监管，就可能引发非法集资和庞氏骗局的风险。再比如，法律规定国家秘密是绝对不能共享的，即使是商业秘密和个人隐私，其共享要么受到严格禁止，要么有严格的条件约束。

——道德底线。遵守基本的道德伦理和社会文明规范，是共享平台基本的社会责任，也是平台自律的一个重要方面。在共享经济快速崛起的过程中，共享的产品和服务不断花样翻新，其中难免有鱼龙混杂、泥沙俱下的情况。例如，“共享校花”“共享女友”之类博眼球的行为，就严重触及公众的道德底线。此类所谓的共享服务往往刚一推出，即遭到有关执法机构的严格禁止。再比如，网络直播节目中存在的污秽、低俗内容也接二连三地触及道德底线，引发社会强烈不满，也应当加以制止。

——宗教底线。含有宗教歧视内容、亵渎宗教戒律和教义、伤害宗教情感和宗教尊严的产品和服务不能被共享。

知识点

具有排他性使用权和高度专用性的产品和服务不适合共享，共享经济还要受到法律、道德、宗教底线的约束。

思考题

食品是一次性消费品，为什么外卖普遍被认为是共享经济的一种模式？

Q12 共享经济有哪些基本模式？

根据大众参与方式的不同，共享经济可分为完全共享和不完全共享模式。完全共享是一种多对多模式，平台聚集了无限多的供应方和需求方。不完全共享是供需双方中有一方有限的，即供应方有限或需求方有限。

大众参与方式是划分共享经济模式的最常见的一个维度。大众参与是指供需双方的无限性，即无限多的资源和无限多的需求被整合到一个平台上。这会产生两个效应：一是为有效资源找到最恰当的用户，即实现“总有一人需要你”；二是为多样化需求找到最合适的提供者，即实现“总有一款适合你”。目前实践中已经出现了两种“大众参与”模式：完全共享和不完全共享。

完全共享指的是供需双方都是无限多，即“多对多”模式。在平台上聚集了无限多的供应方和需求方，双方基于需求实现共享交易。在这种模式下，平台主要起中介作用，负责交易的撮合、规章制度的建立健全、安全保障、纠纷处理等服务，是典型的轻资产模式。目前为大家所熟知的许多共享经济企业如滴滴出行、小猪短租等都属于这一模式。

不完全共享是指供需双方中，有一方是有限的，只有一个或少数固定的几个供给方。不完全共享有两种呈现方式：一是“供应方不完全”的共享模式，即“一对多”或“少对多”的模式，由单一或少数固定的服务供应方对应无限多的需求方。例如共享单车、共享汽车、共享充电宝等，这些被共享的产品主要是由一家或少数企业负责提供，投放市场供需求者使用。这一模式自诞生以来就饱受争议，有人说共享单车、共享充电宝等是伪共享经济，不属于共享经济。二是“需方不完全”的共享模式，即“多对一”模式，由无限多个服务供应方和单一的需求方组成。实践中一些大型企业为转型发展、激发创新活力而搭建的开放性平台，这类平台在生产制造领域较为常见，平台上集聚了社会上大量的创新思想、研发、人才等，通过开放平台，企业可以更好地运用社会资源满足自身的生产需求，提升企业的竞争优势。如海尔通过“海创汇”平台汇聚大量的社会化创新资源，满足企业自身的发展需要。无论是“一对多”模式，还是“多对一”模式，都满足了基于互联网的智能化匹配、使用权的共享、大众参与等共享经济的基本特征，仍然属于共享经济的范畴，实现了资源优化配置、满足多样化需求的功能。

除了根据供需双方的参与者数量来划分共享模式外，还可以根据参与主体的性质划分共享模式。例如，个人对个人（C2C）模式，典型企业如滴滴网约车、小猪短租等；企业对个人（B2C）模式，典型代表如共享单车、共享汽车等；企业对企业（B2B）模式，主要集中于生产制造领域的产能共享；个人对企业（C2B）模式，如猪八戒平台的个人威客，通过时间、技能的共享服务于小微企业等。

在实践中，共享经济的模式还在不断探索与创新，不同的模式之间并不是非此即彼的，而是可以互相转化和彼此融合的。不完全共享和完全共享可以互相转化，比如共享单车由企业拥有并投放市场是一种不完全共享模式，但如果平台开放单车供应的源头，把社会上大量的、个人所有的自行车整合起来，并投放市场，这一模式也就变成了完全共享模式。ofo 小黄车早期在校园内的共享就是采用这种完全共享的模式，聚集整合了大量学生的自行车用以共享，提高了车辆的利用效率。由此来看，ofo 小黄车的运营模式经历了从完全共享向不完全共享的转化。同理，沈阳机床厂开始将本企业拥有的机床通过共享平台提供给用户使用时，可以看作不完全共享；后来平台整合了行业多家企业的机床提供分时租赁服务，就实现了向完全共享模式的转变。

总之，共享经济的发展还处于转型期，共享模式也将随着实践发展而不断创新演化，并可能还会出现新的共享模式。

知识点

共享经济有完全共享和不完全共享等多种模式，而且可以互相转化。

思考题

共享单车如果从目前的不完全共享模式走向完全共享模式，前景会怎么样？

Q13 共享经济一定是轻资产运行吗？

轻资产和重资产运行的区别并不是共享经济平台和非共享经济平台的本质区别。共享经济企业选择轻资产还是重资产方式运行，是基于企业战略目标和行业特性决定的，不同细分领域可以有不同的运行模式。

早期人们对于共享经济的认识还局限于优步、爱彼迎等企业的模式，把共享经济平台看成纯中介功能的交易平台，平台本身不拥有任何资源，只负责供需双方的资源匹配，是一种典型的轻资产模式。但随着实践的不断创新，共享经济领域也出现了重资产运行模式。

重资产通常是指企业所持有的例如厂房原材料等有形的资产。相对于占用了大量资本的重资产模式而言，轻资产以无形资产为主，主要是企业的技术、经验、规范的流程管理、治理制度、品牌、客户关系、人力资源、企业文化等。因此，对于平台来说，轻、重资产运行的区别在于平台本身是否拥有有形的实体资源，就好比淘宝和京东的区别。淘宝上的商品都是由第三方卖家提供，而京东则有较多自营的商品和配送服务。在共享经济领域，网约车平台大多数自身并没有自己的汽车，汇聚起来的都是社会上的车辆，属于轻资产运营；而共享单车平台多是自身定做标准化自行车，提供给大众使用，属于重资产运营。平台企业因战略定位不同而选择不同运营模式，但轻资产和重资产的区别并不是共享经济平台和非共享经济平台的本质区别。一个平台如果满足了共享经济的基本条件，如基于互联网平台的资源交易匹配、大众参与以及使用权共享等，就可以认为这个平台是共享经济平台。

举例来说，共享经济领域轻资产运行的平台主要有滴滴、小猪短租、优步和爱彼迎等，这是人们所熟知的典型共享经济运行模式。在这种模式下，平台负责整合多方资源，搭建供需双方交易匹配的桥梁，并提供信用保障、交易安全、规则制定、纠纷处理等服务。

重资产运行的平台则主要有共享单车、共享汽车、共享充电宝，以及制造企业搭建的产能共享平台等。以近年来火爆的共享单车来说，平台负责设计并生产出大量的共享单车供需求方使用，这些单车归平台企业所有，因此这是一种典型的重资产运行模式。虽然共享单车模式饱受争议，有人认为共享单车不是共享经济。但从共享经济的基本特征来判断，共享单车模式是一种共享模式，确切而言是一种不完全共享模式，同时也是共享经济重资产运行的典型案例。

共享经济企业选择轻资产还是重资产方式运行，是基于企业战略目标和行业特性决定的，不同细分领域有其相适应的运行模式，而且这两种模式各有其优缺点。对于轻资产共享经济平台来说，其优点是：企业前期固定成本投入少，并可迅速获得较高的利润回报，容易实现规模效应，减少企业经营管理成本；轻资产模式的缺点是：对第三方提供的产品和服务的审核难度大，在产品质量控制、服务质量完善、责任边界界定以及纠纷处理等方面往往面临较大的挑战。对于重资产共享经济平台来说，优点是能够较好地把握产品质量和服务标准，根据用户的需求进行实时调整和控制；缺点是前期投入较大，行业进入门槛高，不利于小微创新企业的进入。

知识点

共享经济平台有轻资产运营和重资产运营等不同模式，各有优缺点。

思考题

轻资产运营和重资产运营能否互相转化？

Q14 分时租赁是共享经济吗？

共享经济与分时租赁是两种截然不同的业态，在产生时间、运作方式、参与主体和客体、付费方式等方面存在显著不同。表面上看，部分共享经济业态表面上具有分时租赁的一些特征，但本质上已经发生根本性变化。

分时租赁主要是指以时间计算提供“随取即用”的一种租赁服务，消费者可以按个人需求预订服务，并按时间付费。分时租赁是短期的租赁服务，属于租赁经济的一种。所谓租赁经济，是出租人将某件物品的使用权借给承租人，承租人支付相应的租金，在这一过程中，物品的所有权不发生变化。显然，租赁就是使用权和所有权分离的一种形式，这在一定程度上与共享经济的特征相一致，但二者之间的区别还是很明显的。

其一，从时间上看，分时租赁早就存在，而共享经济是在有了互联网之后才出现的。分时租赁在互联网出现以前早就存在，如公园里的游览自行车、游船游艇，海滩边泳衣、滑板、汽艇、玩具等物品的租赁，以及日常生活中见到的租赁模式很多都是分时租赁，即按照租赁时长收取费用，满足用户的灵活性需求。共享经济是基于互联网的资源配置和供需匹配模式，是在互联网逐步普及应用之后才出现的。

其二，从方式看，分时租赁是线下进行的，共享经济是在互联网平台上进行的。

其三，从主体看，分时租赁的提供者是单一物主，是将有限的资源提供给有限的用户；而共享经济产品和服务的提供者是大众，是将无限的资源提供给无限的用户。

其四，从客体看，分时租赁的对象主要是有形实物，而共享经济的对象还可以是知识、技能、劳务等无形资源。

其五，从付费方式上看，按时间付费是主要或唯一模式，而共享经济的付费模式是多样的——按时间（如共享单车）、按里程（如网约车）、按意愿（如打赏）甚至免费共享（如 Wi-Fi 共享）等。

我们还可以找到二者之间更多的区别。可以说，传统意义上的分时租赁与现代意义上的共享经济是两个截然不同的业态。

知识点

共享经济与分时租赁是两种截然不同的业态。

思考题

是不是所有的分时租赁都有可能转化成共享经济业态?

Q15 用专门购置的物品开展租赁服务算不算共享经济?

随着共享经济的不断发展，共享模式也非千篇一律、一成不变，而是不断地出现新模式，用专门购置的物品开展租赁服务，本质上与共享经济并不冲突。

共享经济的发展过程，既是一个实践不断创新的过程，也是一个理论发展和创新的过程。在这一过程中，人们对共享经济的内涵与外延、共享的特征、共享的方式等问题的认识也在不断地变化，并伴随着各种各样的争议性问题。以专门购置的资源从事租赁服务算不算共享经济，就是共享经济实践与理论研究过程中所遇到的一个重要现象和问题。通过分析这一问题的来龙去脉，并根据目前的发展态势澄清认识上的误区，对于共享经济未来的发展具有重要意义。

从共享经济的一批先行者，如优步和爱彼迎的创业者的初衷以及早期的发展历程来看，共享经济活动是一种 P2P 交易行为，属于协同消费的范畴。其典型的交易方式是通过互联网平台为个人与个人之间的交易提供信息交互、交易撮合以及资金结转等各种服务，平台方不直接提供租车或住房服务。在这一交易中，交易双方中的服务提供者，如司机和房东并非专职司机和房东，而是将司机服务和房东服务作为其正式工作之外的一种兼职服务；同时，用于提供服务的汽车和住房并非以专业化客运和出租房屋为目的。正是上述特点，使得优步司机和爱彼迎的房东与专业化的出租车司机和酒店有很大的不同。“优步自己没有一辆车，但却是全球最大的租车公司；爱彼迎没有一间自己的客房，但却是全球最大的酒店集团。”上述这句话风靡全球，也充分地体现了早期的创业者和研究者对共享经济的普遍认识。概而言之就是：共享经济的参与者应当是个人化的行为，而非公司行为；服务的提供者应当是兼职的，而非专业化的从业者；共享的资源应当是参与者自己的闲置资源或没有充分利用的资源；平台的职责主要是信息交互、交易撮合和辅助服务，不直接提供服务，也不拥有汽车和房屋等资源。

随着共享经济的不断发展和演化，参与者、服务提供者、共享的对象和平台的职能也在发生变化。在出行和住房共享领域，参与者已经不限于个人，一些开网约车的司机和房东已经变成专职司机和专业房东，不再有其他的工作。同时，共享的对象和资源也不再只是千千万万个人的财产，出现了平台集中购置资源的情况，比如神州约车、共享汽车、共享单车、共享电瓶车等。由于共享资源为平台所有，因而平台的职能也发生了根本性变化，即平台从交易的撮合者变成用户所需服务的直接提供者。

显而易见，以协同消费、P2P 为基础的早期共享模式与以专门购置的资源从事租赁服务的共享模式之间存在较大的差异，正是这种差异引发了社会各界的广泛争议。如果按照早期共享经济模式的特点来加以评判，那么就会认为以专门购置的资源从事租赁服务的活动不是真正的共享经济活动，这势必会将相当数量的平台排除在共享经济之外。

进一步分析可以发现，专业化、企业化参与，以及专门购置资源用于开展共享服务活动，本质上与共享经济并不冲突。随着共享经济的不断发展，共享模式也非千篇一律、一成不变，而应该是不断地出现新模式。因此，以早期的优步和爱彼迎为代表的模式，是一种共享较为完全的共享方式，而平台专门购置资源以提供共享服务的活动，则是一种不完全共享方式。因此，不妨将前一种方式称为 C2C 型共享模式，后一种模式称为 B2C 型共享模式。当然，如果平台中参与双方都是公司化机构，也会出现 B2B 型共享模式。

知识点

平台购置资源开展共享服务属于不完全共享模式，是共享经济的一种形式。

思考题

汽车厂商以租代售算不算共享经济？

Q16 容易被成功共享的产品和服务有什么共性特点？

容易被成功共享的产品和服务，与这些产品和服务的供给和需求特征密切相关。从供给方面看有三个特点：量大、分散、溢价，从需求方面看也有三个突出特点：刚需、高频、痛点。

不断出现的共享经济新业态拓展了人们的想象空间，越来越多的创业者开始尝试在更多的领域开拓新的共享业务。成功的案例很多，失败的更多。到底哪些领域比较容易开展共享呢？这是创业者和投资人都十分关心的问题，也是这几年大家问得较多的一个问题。

其实这个问题并没有标准答案，任何领域的共享要想做好都不是一件容易的事。不过，我们可以从国内外共享经济大量的实践中看出一些端倪。总体来看，容易被成功共享的产品和服务，会有一些共性的特点。比如，从供给方面看，容易被成功共享的产品和服务一般具有三个特点：量大、分散、溢价。从需求方面看，容易被成功共享的东西一般也有三个特点：刚需、高频、痛点。

——量大。即可以被共享的资源有足够大的数量，也就是资源的充裕性。只有数量足够多，才能够形成网络经济、平台经济所需要的规模效应，也才能满足大规模的个性化需求。这样的平台才能吸引更多的资源提供者和需求者参与，网络经济的双边效应才能得以发挥，进而形成可持续发展的商业模式。比如私家车足够多才有了网约车，可供客人住宿的房源足够多才有了房屋短租，餐饮服务商和劳务人员足够多才会有外卖。当然，资源的充裕性是一个相对的概念，不同资源的市场需求量差异很大，对资源数量的要求也会不一样。比如房屋短租平台上可以很快集中数百万套房源，但手术医生的数量可能有几万名就很可观了。

——分散。即这些资源广泛分布在各个地域或时间、空间领域，也就是资源的分散性。一方面，那些海量的、高度分散化的各类资源更有利于发挥互联网平台强大的技术能力以及资源整合作用，从而使过去难以有效利用的资源释放出来，让其发挥最大效用。另一方面，因为高度分散、无处不在，才能够为更多的人服务，无论身在何处都可以得到及时有效的服务。以网约车为例，私人家庭轿车是一种高度分散、数量巨大、利用率相对较低的资源，非常适合于共享模式。而以私家车为对象从事网约车服务的如滴滴出行、优步等，也因为巨大的成功而成为全球共享经济领域的领导型企业。再比如，私人住房与私家车一样，也是一种高度分散、数量极大，且存在大量闲置现象的资源，而以住房共享为主的平台如爱彼迎和小猪短租，正是发现了这一领域的巨大潜力，并成功地成为共享经济领域有影响力的企业平台。

——溢价。即这些资源本身对用户很有价值，而且通过共享服务可以为用户创造更大的价值、带来新的好处，也可称之为增值效应。溢价可能会体现在多个方面：更省钱、更省时、更简单、更方便、更友好，等等。共享经济实现了以前无法完成的功能，这才是人们乐于接受并参与其中的真正原因。

——刚需。即人们对这些资源的需求是客观存在的，而且是必然的、必需的、轻易不可替代的。人们的生活、生产离不开这些资源，一旦通过共享可以更方便地得到这些资源，就比较容易受到青睐。

——高频。即人们需要某种资源不是偶一为之，而是经常发生的。共享经济最早在出行、旅游、餐饮、知识技能等领域获得成功，也与这些需求的高频特点有关。因为高频可以较好地保障需求量，可以带来客观的服务收益。

——痛点。即这些资源的使用和满足过程中存在明显的痛点，而共享恰恰可以较好地消除这些痛点。比如，在仅有出租车的时代，人们打车时就面临一些明显的痛点：高峰时段打不到车、不知道要等多久、司机态度不好等，网约车利用互联网等技术较好地解决了这些问题。同样，共享单车较好地解决了“最后一公里”交通难点，餐饮外卖较好地解决了就餐时间长等问题，互联网医院较好地解决了看病难住院难等问题，资金共享可以帮助解决中小企业贷款难问题，产能共享可以较好地解决产能过剩问题等。

上述这些容易共享成功的资源特点不是一成不变的，更不能说选好了这样的产品就一定能做好共享。一个成功的共享经济平台需要解决的问题还有很多，但一个失败的平台可能只需要一个理由就足够了。

没有可以轻易成功的共享经济，但只要坚持创造新价值，所有资源都可以培育出成功的共享经济平台。

知识点

容易共享成功的资源，从供给角度看一般有三个特点：量大、分散、溢价，从需求角度看一般有三个特点：刚需、高频、痛点。

思考题

为什么共享雨伞、共享睡眠舱等很快就销声匿迹了？它们还会出现并可能成功吗？

第三章

为什么中国的故事最精彩

Q17 人们为什么愿意参与共享经济？

Q18 为什么共享经济会在美国最早出现？

Q19 共享经济为什么会从汽车开始风靡全球？

Q20 各国对共享经济的态度如何？

Q21 共享经济现在处于什么发展阶段？

Q22 共享经济对中国来说是机遇还是挑战？

Q23 中国发展共享经济有什么特殊意义？

Q24 中国共享经济发展的政策环境如何？

Q17 人们为什么愿意参与共享经济?

人们参与共享经济的因素是多方面的。除了增加收入、降低生活成本、提供灵活自由的就业机会外,共享经济还满足了人们日益增长的多样化与个性化消费需求,符合现代人尤其是年青一代的消费理念和价值观。在某种程度上,人们参与共享经济的过程也是自我价值的实现过程,共享经济已经成为一种新的生活时尚。

人们参与共享经济的因素是多方面的,主要是以下几个方面。

——追求个性化的消费体验。随着工业化基本完成,物质产品更加丰富,消费需求层次不断提升,人们越来越注重个性化的消费体验和自我价值实现。传统方式无法满足用户日益增加的多样化需求,出现了诸多痛点,如供需对接不畅、成本高、效率低、效果差、诚信缺失等。共享经济能够有效地化解这些痛点,带来更好的体验,受到用户青睐,并带动了产业的发展。在共享经济时代,人们能够根据自己的需要体验个性化的、私人订制般的服务,过去无法满足的需求能够得到满足。此外,共享经济天生带有社交属性,赋予人们以社交化的方式创造价值的能力,从更高层次上满足着人类“自我实现”的精神需求。许多人之所以愿意花费精力出租自己的物品和付出自己的时间,不仅仅是为了收入,还因为可以与来自其他文化、其他行业的人交流,获取精神上的愉悦和新的信息。

——增加收入。共享经济的发展使得人们能够将多样化资源或碎片化时间利用起来，通过提供服务获得一定收益，有了更多创造价值、增加收入的机会。金钱上的回报激励着人们积极参与共享活动，某种程度上，共享经济已经成为人们提高收入水平的重要渠道。2008 年的国际金融危机引发了人们对以往生活方式和消费理念的进一步反思，更加重视可持续发展理念。正如美国作家雷切尔·博茨曼（Rachel Botsman）所言："全球性金融危机和经济萧条导致失业剧增、许多家庭收入失去保障，这从根本上改变了人们的消费行为和消费理念，从而成为共享经济流行起来的重要动因。"哈佛大学商学院教授克里斯托弗·马科斯（Christopher Marquis）指出，最早一批在 Lyft 或爱彼迎上登记出租自己的汽车和房屋的人，主要是那些对经济危机深感绝望的人，这些人不得不寻找新的赚钱途径以补贴家用。

——消费理念的转变。在被物质化、被隔离的工业时代，社会化交往及自我价值实现等精神需求被长期压抑。伴随网络成长起来的年青一代，尤其是美国的"千禧一代"有着与其父辈大不相同的消费理念，乐于分享的性格特质使他们成为共享经济的主要参与者。与上一辈的"要想使用，首先占有"的消费观念不同，"千禧一代"更加重视实实在在的使用权，使得借用、租赁和分享逐步成为这一群体的主流消费方式。新兴市场国家中的年青一代也对协同消费的理念充满热情。中国的"80 后""90 后"等消费群体往往接受过更好的教育，对互联网创新的认可度与接受度更高，乐于网购，喜欢体验新奇事物，愿意与他人分享。就像中国的"双 11"一样，参与共享活动已经成为"80 后""90 后"的一种时尚。共享经济还赋予了人们以社交化的方式进行交流、分享和创造价值的能力，由于公开、透明、可追溯的特点，也给予了消费者更大的主动权。此外，环保意识、节约意识的增强让人们逐步放弃过度消费的生活方式，更加重视节约资源、创造社会价值。

——对灵活就业的追求。工业化时代的大机器生产方式使人像机器一样工作，人往往成为流水线上的一个组成部分，缺乏自主性和灵活性。进入信息时代，借助于现代信息技术，越来越多的人有可能摆脱高度紧张、机械化的工作方式，加入自由职业者队伍。2015 年美国的自由职业者已经超过总劳动力的 1/3。与美国相似，中国的年轻人也越来越推崇自由职业和兼职，大多数年轻人将自由职业作为最优先选择。共享经济新业态的发展降低了许多行业的进入门槛，拥有一技之长的人可以更加灵活和比较自由地进入或退出某一社会生产过程，大大降低了个人对企业或某个固定的社会组织的依赖。

随着共享经济向越来越广的领域渗透，参与共享经济的原因也更加多元化。无论从供给端还是从需求端，更高效、更便捷、消除痛点、创造新价值是较为普遍的原因。

知识点

人们参与共享经济的意愿是多方面原因促成的。

思考题

网约车的出现有助于解决传统出租车的哪些痛点？

Q18 为什么共享经济会在美国最早出现?

共享经济起源于美国并非偶然，是技术、经济、社会、文化综合作用的结果。美国作为全球 IT 领域最具创新力的国家，一直引领着信息技术与互联网的发展风潮。2008 年国际金融危机的爆发，美国民众的感受最强烈，受到的影响和冲击最大。共享经济有助于降低人们的生活成本并获得更多收入，较低的门槛、相对灵活自主的方式也吸引了美国民众的广泛参与。

美国堪称互联网技术的策源地，从 20 世纪 60 年代的阿帕网（ARPANET），到 1978 年的 TCP/IP 协议，以及 1989 年万维网（www）的推出，美国始终走在全球互联网的发展前沿。从 20 世纪 90 年代开始，雅虎、亚马逊、谷歌等一些至今仍然活跃在创新一线的互联网巨头企业相继成立，引起巨大争议的音频文件共享平台 Napster 也诞生于那个年代。2000 年前后互联网泡沫破灭以后，随着全球互联网产业进入新一轮发展高峰期，在电子商务、社交、团购、共享经济领域，美国涌现出 eBay、领英、Facebook、Twitter、Groupon、优步、爱彼迎等一大批创新型企业。如果说 Napster 是共享经济模式的先驱，那么，优步、爱彼迎无疑是共享经济时代的引领者，其模式被全球许多共享型企业效仿。回顾互联网发展历程，美国一直都是互联网领域创新的代名词，硅谷更是全球创新创业的圣地，集聚了大批 IT 创新人才与企业家，最新的 IT 技术、产品或商业模式均出自硅谷。

20世纪70年代末，美国的人均GDP（Gross Domestic Product，国内生产总值）就超过一万美元，迈入了高收入国家行列。之后30多年经济快速发展使得社会物质财富极大丰富，为共享活动奠定了充足的物质基础。2008年全球金融危机的爆发，美国民众的生活受到巨大的冲击和影响，也为共享经济的崛起注入了一剂强心针。2010年1月18日，美国新闻周刊上刊发的题为《衰退的一代》的文章中指出："美国人的心理和习性已经以某种方式被这次危机永远地改变了。相比于危机发生前的乐观主义态度，危机后美国人正在改变寅吃卯粮的消费习惯，开始学会算计着过日子。当前美国个人储蓄率已经达到4.5%，比2008年最低点增加3倍以上。"同时美国的就业状况也在迅速恶化。2009年美国非农就业共损失191万个岗位，失业率达到25年来的最高水平，制造业则是1982年以来的最低水平。在上述大背景下，为了赚钱贴补家用，许多美国人积极地参与到共享经济活动中来。

美国社会对于灵活就业的需求日渐旺盛。2015年美国的自由职业者已经超过总劳动力的1/3。有研究表明，在美国参加优步的驾驶员中，60%更喜欢选择像优步这样能够独立自主的工作方式。另外，共享经济模式符合大众消费的发展趋势，尤其是与美国"千禧一代"的年轻人追求个性化、注重体验的消费理念相契合，也是推动共享经济在美国率先崛起的重要原因。

知识点

共享经济发源于美国并非偶然，是技术、经济、社会及文化综合作用的结果。

思考题

如果没有金融危机，共享经济是不是就发展不起来了？

Q19 共享经济为什么会从汽车开始风靡全球？

网约车能够在短短几年时间内风靡全球并引领共享经济潮流，客观上反映了城市公共交通供需的失衡。全新的商业模式满足了人们对美好出行体验的需求，一定程度上打破了过去数十年来出租车市场的垄断，帮助缓解了“打车难、打车贵”等问题，为司乘双方提供了前所未有的体验，也为破解大城市交通供需失衡问题提供了新方案。

作为一种新业态，网约车自出现以来就受到民众的普遍欢迎。优步在全球128个国家提供网约车服务，滴滴出行业务覆盖中国400多个大中小城市，并进入东南亚国家、巴西等。网约车之所以能在短时间内就风靡全球，是因为基于互联网平台的创新型模式，充分调动了私家车主的积极性，盘活了社会闲置的车辆资源，在一定程度上缓解了“打车难、打车贵”等现实问题，为司乘双方提供了前所未有的体验。在行业发展初期，虽然平台之间的烧钱大战曾经招致舆论的广泛质疑，但不容否定的是网约车确实改变了许多人的出行方式，为破解大城市交通供需失衡问题提供了新途径。

网约车的火爆客观上反映了城市交通供需关系严重失衡的现象。进入21世纪后，全球城市规模不断扩大，人口数量持续增加，城市公共交通承受巨大压力。以中国为例，2000—2016年，城镇人口规模从4.6亿人增加至7.9亿人，净增加3.3亿人，城镇化率从36.2%提升到57.4%，年均增长约1.2个百分点。与快速发展的城镇化进程相比，城市公共交通服务如出租车供给明显不足，而严格的数量控制政策是造成这一问题的重要原因。以北京市为例，《北京市“十二五”时期交通发展建设规划》提出，到2015年北京市出租车总量维持在6.6万辆，按这一目标，意味着在过去近10年时间里，北京市出租车总量基本上没有什么增加。但与此同时，北京的城市规模、中心城区的人口密度却持续攀升。虽然出租车不是市民出行的主要交通工具，但供需失衡的关系明显加剧却是事实。

出租车市场的垄断问题积重难返，为网约车的进入提供了契机。一直以来，出租车市场都是特许经营制度，从事出租车客运经营必须依法经审批，才能取得客运的特许经营权。这意味着政府对出租车市场进行严格的管制：一方面是针对经营权利的准入管制，主要是数量管控。一般是基于行政区划，由县级及以上主管部门负责出租车经营权的审批，并在综合考量城市总体规划，以及城市出租客运需求的前提下，决定出租车的总体数量以及特许经营权的指标年限。另一方面是对出租车营运过程中的定价、服务与奖惩等的管制，重点是价格的管控。运价和总量双管控的管理模式，造成出租车牌照价格畸高和运力不足，远远不能满足市民的出行需求，致使特殊地区、特殊时段打车难，司机拒载、“一口价”等现象频繁出现，有些地方甚至成为行业“惯例”。同时，不具备营运资格的“黑车”应运而生，这些黑车缺乏监管，没有统一的服务标准，挑活儿、乱要价等弊端丛生，干扰着城市公共交通服务的正常运转。“打车难、打车贵”也就成为消费者面对的普遍难题。

私家车保有量的大幅提升为网约车奠定了物质基础。经过10多年的发展，全球汽车保有量大幅提升。以中国为例，国家统计局公布数据显示，2000年全国民用轿车保有量仅1609万辆，2017年增加到12185万辆，净增10576万辆；其中私人轿车11416万辆。从使用率来看，大量的私家车停放在车位里，处于闲置状态，未能高效利用。在全球经济增长放缓的背景下，网约车的出现让闲置的汽车跑了起来，既给车主提供了增加收入的机会，也给相当一部分人提供了再就业的机会。当然，汽车作为普通居民家庭最值钱的资源之一，也相对比较容易转化成共享服务。

互联网平台的技术优势也是使汽车共享风靡全球的一个重要原因。首先，利用信息技术网约车平台能够实时撮合供需双方，实现高效匹配和快速响应，有效提升了城市出行供给服务能力。其次，网约车平台还通过对驾驶员素质和营运车辆严格审核，利用双向评价保障服务质量，通过大数据算法让服务价格更透明，给予了用户更加良好的出行体验，并起到了遏制私家车过快增长、打击“黑车”以及优化城市客运秩序的作用。最后，优步和滴滴出行等领军企业实施全球化运营战略，将网约车模式迅速推向了全球多个国家和地区，其推动作用也至关重要。

知识点

需求旺盛、易于共享等是网约车率先风靡全球的重要原因。

思考题

你的家庭或机构最有可能实现共享的资源是什么？

Q20 各国对共享经济的态度如何？

共享经济在不同领域、不同国家和地区的发展情况千差万别，政府的态度也不尽相同。美国、加拿大、英国、澳大利亚、韩国等国家中央政府积极肯定共享经济对社会发展的意义，但是各地方政府的态度却模棱两可。欧洲、日本、新加坡、印度等国家和地区则保持了严格谨慎态度，对共享经济实施了较为严格的监管措施。随着对共享经济认识的深入和实践的发展，从总的发展趋势看，各国对共享经济的态度将逐步由严转松，积极适应。

快速发展的新兴业态给政府监管带来了新的挑战，政策抉择也处于艰难的状态，主要出于三方面原因：一是已有的法律规则、制度政策难以适应共享经济新业态；二是共享经济的创新实践直接冲击着现有的利益分配格局，尤其是在一些行业垄断和地域限制较为突出的领域，矛盾与冲突更为激烈，导致政府部门左右为难；三是共享经济作为一种新业态，技术、模式等都在快速变化，可能带来的影响还看不清楚，也存在因为缺乏认知不知道如何监管的问题。目前看，共享经济在不同领域、不同国家和地区的发展情况千差万别，政府的态度也不尽相同，既有严格限制的，也有模棱两可的，还有积极制定新的法律法规以适应发展需求的。

一是多数西方国家的中央政府积极肯定，地方政府态度暧昧。

美国、加拿大、英国、澳大利亚、韩国等国家中央政府积极肯定共享经济对社会发展的意义。美国在 2012 年 4 月就出台了《促进创业企业融资法》（*Jumpstart Our Business Startups Act*，简称“JOBS 法案”），成为第一个股权众筹合法化的国家。2013 年美国市长会议通过了《共享城市协议》，从官方层面认可了共享经济对于社会经济发展的重要意义。加拿大安大略省、魁北克政府已经开始进行新法律框架的拟定和修改，并做初步调研工作，支持共享经济发展。英国宣布将打造共享经济的全球中心以及欧洲共享经济之都。澳大利亚政府采用政府主导、企业运营的模式推进汽车共享，并将“汽车使用共享”计划作为城市发展规划“悉尼 2030”的一个重要内容，并通过法律途径使爱彼迎等共享经济行业合法化。韩国政府对共享经济企业实施政府认证程序，并对有突出贡献的企业给予资金支持和宣传帮助。

相比中央政府，各国地方政府则表现出模棱两可的态度。如在加拿大多伦多市，政府试图从法律上禁止优步，但安大略省高等法院却做出了有利于优步的判决，撤销了多伦多市政府针对优步服务的禁令申请。在多伦多官方内部，各方立场也不尽相同。美国虽然是共享经济的发源地，但是各地方政府的态度也不尽相同，如纽约市、波士顿和加州的大城市也承认网约车，但纽约州的参议院和众议院仍就全州范围内是否承认网约车合法而争执不下，而同属于宾夕法尼亚州的费城不允许网约车运行，但是匹兹堡却变成了其技术发展的重镇。

二是欧洲、日本、新加坡、印度等国家和地区保持严格谨慎态度。

西班牙、德国、法国、日本、新加坡、印度等国家对共享经济一直保持严格谨慎的态度，实施有力的监管。优步在早期发展中就受到了欧洲主要国家的抵制，多次因违反法律被迫停运。西班牙、德国都对网约车发出过明确禁令。在日本和新加坡也是如此。日本和新加坡的法律体系较为完备，对传统行业运营管理非常严格，共享经济新兴业态的发展受到了资格审查、运营标准、法律法规等诸多限制。

在英国伦敦，监管机构对于网约车平台公司、车辆和司机都设置了相应的准入门槛，私家车想要从事载客，司机本人已运营的车辆需要向交通局申请执照，申请者还必须通过一项关于有关伦敦地形路况等信息的测试，交通局还规定，获得执照的司机，必须佩戴相应的徽章，且必须无偿搭载残疾人。

在新加坡，2014 年政府开始对网约车实施监管，规定也极为严格。不过，随着网约车优势的显现，新加坡政府的态度发生了变化，开始由严转宽。新加坡的私人住宅不能短期出租，租期必须在三个月以上，这也极大限制了房屋共享的发展。

在日本，网约车的发展受到很大限制，主要在于日本对出租汽车公司的设立和运营的管理非常严格，网约车平台不能够提供私家车载客服务。在短租领域，房东必须向都道府县或政令指定城市进行备案，方可在住宅专用地区提供民宿服务。

印度对网约车的监管也可谓十分严格。2015 年 10 月，印度道路交通部发布了《网约车监管指导意见》，网约车平台的所有车辆不能巡游揽客，载客的私家车辆必须拥有在运营区域的营运许可、包括第三者责任险的商业保险、车辆定位设施、通用认证计量设施等；同时，车辆还必须携带急救箱。此外，这份指导意见还规定，联邦政府或监管机构可以制定最高限价。随着实践的发展，人们对共享经济意义作用的认识逐步深化，越来越多国家的政府部门对待共享经济的态度从观望、犹疑转向明确支持。从总的发展趋势看，各国对共享经济的态度将逐步由严转松，积极适应。

知识点

共享经济在不同国家面临的政策环境差异很大，但总体上都在向有利于共享经济成长的方向发展。

思考题

为什么有人说优步和爱彼迎是在战斗中成长起来的？

Q21 共享经济现在处于什么发展阶段？

整体上看，共享经济正处于从起步期走向成长期的加速转型阶段，技术、模式、理论、政策都存在诸多不确定性。

借鉴罗杰斯的创新扩散理论和弗农的产品生命周期理论，我们可以将共享经济发展大体上划分成起步期、转型期、成长期、成熟期四个发展阶段。在不同发展阶段，共享经济会有不同的表现，认知和监管会面临不同的问题。

——起步期，也称导入期。在个别领域开始出现共享经济原型，共享经济概念开始确立，监管政策总体上处于观望阶段。

——转型期，也称过渡期。个别领域共享经济平台迅速扩张，但技术、模式、理论、政策都存在诸多不确定性。

——成长期，也称加速期。共享经济的技术商业模式逐步得到市场认可，对各个领域的渗透速度加快，参与者大量增加，不同领域的监管政策陆续出台。

——成熟期，也称稳定期。共享经济模式得到广泛应用，理论和政策基本定型。

无论从全球还是从中国的实践看，目前共享经济总体上都是正处在从起步期向成长期加速转型的阶段。在这个阶段，速度快、创新多、问题多、争议大，监管上也会存在一些乱象。主要表现在以下几个方面。

一是不成熟，即技术、模式、理论等都还处在探索阶段，问题多争议也大。即便是在网约车、共享单车等发展较早或较快的领域，也不断暴露出诸多问题。

二是不充分，即渗透、参与不足，很多关键领域还没有开始共享。限于人们的认知局限性、商业模式尚未成熟以及政策环境有待完善等多种原因，有的行业共享经济才刚刚起步，如共享医疗、共享教育、共享农业等；有一些领域甚至还处于萌芽状态，如共享养老，目前市场上尚未出现具有代表性的共享平台。关于“共享经济已经到了下半场”的说法为时过早。

三是不定型，即市场格局未定，竞争激烈。在转型期内，企业的进入与退出更为频繁。从实践上看，在发展较快的先行领域已经出现大的并购潮。如滴滴出行与优步中国的合并，成为2016年网约车领域最热门的话题；在共享住宿领域，途家并购了蚂蚁短租及携程旅行网、去哪儿网旗下的公寓民宿业务，业务链得到拓展；在生活服务领域，继2015年美团与大众点评合并成“新美大”后，2016年达达又与京东到家合并为“新达达”，也引起行业关注。大的并购活动的出现是共享经济快速成长期竞争加剧的结果，活跃的市场氛围、不断扩大的用户群体、充分的市场竞争、成熟的商业模式，为先行领域的企业并购奠定了基础。先行领域的企业并购也是竞争格局趋向稳定的前奏，标志着市场结构从过度分散走向适度集中、竞合关系从恶性竞争走向良性竞争、竞争手段从价格补贴走向体验改善，为研判共享经济竞争格局的演变方向提供了重要启示。

四是不统一，即理论认知差异大，政策选择难。在起步期，政府、企业、公众对共享经济的认知还不充分，在市场准入、平台治理、行业监管等方面基本上处于“政策模糊期”，对新的商业模式也保持了较高的政策容忍度，为起步期共享经济的快速成长创造了良好的条件。随着行业发展进入转型期，行业发展初期的问题渐渐暴露出来，越来越多的领域开始出台相关的监管政策。比如近两年围绕交通出行、网络直播、共享金融等领域，相关部门已经出台了一系列政策。由于实践、理论都还在快速变化中，政策本身也存在较大的不确定性，不同行业、地区的政策取向不尽相同，差别很大。

从未来发展趋势看，共享产品和服务的领域将越来越丰富，并不断从生活消费领域向生产制造、公共服务、社会民生等多个领域渗透融合；平台企业间的竞争将日趋激烈，推动行业并购越来越多；精细化运营成为企业竞争的焦点，未来将更注重共享经济整体发展质量的提升。

知识点

共享经济大体上会经历起步期、转型期、成长期、成熟期四个发展阶段，目前总体上正处于转型期。

思考题

中国共享经济的转型期会持续多长时间？

Q22 共享经济对中国来说是机遇还是挑战？

共享经济既给中国经济社会发展带来了巨大机遇，也带来了不容忽视的挑战。但机遇是历史性的，挑战是阶段性的，总体上看机遇远远大于挑战。

共享经济的快速发展对支撑我国中高速增长、推动经济社会转型、建设现代化产业体系、实现高质量发展提供了新的机遇。

——共享经济为支撑我国中高速增长提供了重大机遇。2017 年我国共享经济市场交易额约为 49205 亿元，比上年增长 47.2%。其中，生活服务、生产能力、交通出行、知识技能、房屋住宿等共享经济领域的市场交易额约为 20941 亿元，比上年增长 66.8%。共享经济拉动就业成效显著。2017 年我国参与共享经济活动的人数超过 7 亿人，比上年增加 1 亿人左右；其中参与提供服务者人数约为 7000 万人，比上年增加 1000 万人；我国共享经济平台企业员工数约为 716 万人，比上年增加 131 万人，约占当年城镇新增就业人数（1354 万）的 9.7%，意味着城镇每 100 个新增就业人员中，就有约 10 人是平台企业新雇用员工；而 2016 年共享经济平台企业新增员工数（85 万）占当年城镇新增就业人数（1314 万）的比重约为 6.5%。共享经济对扩大就业的作用进一步凸显。

——共享经济为培育发展新动能提供了重大机遇。一是助力理念创新。共享经济推动了“鼓励创新、包容审慎”的监管理念和协同治理等理念的形成，有利于进一步发挥地方和部门的积极性、主动性，支持和引导各类市场主体积极探索共享经济新业态新模式。二是助力技术创新。共享经济推动了大数据、云计算、人工智能（AI）等新一代信息技术应用的不断深化。如滴滴开发了兼具云计算、AI 技术、交通大数据和交通工程的智能系统，ofo 小黄车和摩拜分别推出了“奇点”和“魔方”大数据平台。三是助力模式创新。共享经济可以快速调动整合各类社会资源，提高供给的弹性和灵活度，很好地适应不断变化的消费需求，因而各种新型的商业模式、运营模式如雨后春笋般不断涌现。四是助力制度创新。共享经济的发展既对创新治理体系提出了新要求，也为构建新的治理体系提供了经验和支撑。同时，分享平台在发展过程中逐步建立了基于大数据的治理机制，在保证平台正常运行的同时，也为推动社会治理向多元化、开放性协同治理转型创造了良好条件。

——共享经济为推动我国企业的国际化提供了重大机遇。过去几年，我国已有一批共享经济先行企业坚定地走出国门，积极开拓国际市场。在短短一年时间内，共享单车已经在全球 20 多个国家布局，成为“中国智造”新型代言人。在近三年时间里，滴滴出行通过投资或产品技术合作等形式，将全球合作网络延伸至北美、东南亚、南亚、南美等地区的 1000 多个城市，覆盖全球 70% 以上的市场。

共享经济的快速发展也对我国传统制度、政策框架、治理模式，以及如何适应国际规则等带来了巨大挑战。

共享经济对已有制度会形成挑战。共享经济时代，条块分割的治理组织架构亟须改革。“一个平台、服务全国”的运营特点与传统的属地管理制度之间的冲突日益凸显。比如在网约车管理方面，各地出台的网约车管理措施基本都延续了传统的出租车管理体制和做法，即网约车企业要适应出租车的属地管理要求，在运营的城市设立分公司并取得行政许可。在家装服务共享领域，也存在地方政府强制要求平台企业建立分公司的情况。由于许多城市不具备在线办理条件，企业需要跑遍工商、税务、社保、安监等多个部门，程序烦琐，导致企业合规成本极高。打破属地管理对共享经济发展的桎梏，显得尤为迫切。

共享企业如何适应国际规则也会面临挑战。我国已经成为全球共享经济的引领者，并在移动支付、创新模式、用户量、市场规模、运营经验等多个方面走在了世界前列。随着共享企业的国际化拓展，必将面对不同国家、不同文化、不同用户习惯、不同的法律和规章制度的巨大差异以及因此而带来的挑战。共享企业走出去，需要跨过所在国和地区在消费者权益保护、税收征管、劳动保障、市场准入、法律服务等多个方面存在的门槛。

共享经济带来的是资源利用方式的巨大变革，总体上看机遇是历史性的，挑战是阶段性的，机遇远远大于挑战。

知识点

共享经济带来的机遇是历史性的，挑战是阶段性的。

思考题

为什么说共享经济可以成为经济发展新动能？

Q23 中国发展共享经济有什么特殊意义？

发展共享经济是贯彻创新、协调、绿色、开放、共享的发展理念的集中体现；是推进供给侧结构性改革的重要抓手；是贯彻落实创新驱动发展战略，推动“双创”“四众”的最佳试验场；也是建设网络强国、构建信息时代国家新优势的重要途径。

当前中国经济发展已经步入新常态，人口红利逐渐消失，资源环境约束趋紧，转型发展需求迫切。共享经济给中国带来了难得的重大机遇，对于贯彻落实新的发展理念、培育新经济增长点、以创新驱动推进供给侧改革、建设网络强国、构建信息时代国家新优势等都有重要的意义。

发展共享经济是贯彻创新、协调、绿色、开放、共享的发展理念的集中体现。共享经济本身就是新技术革命的产物，是一种新的经济形态、新的资源配置方式和新的发展理念，集中体现了创新的内在要求。共享经济通过消除信息障碍、降低进入门槛、重构信任关系、促进人际交流，促进了资源要素流动和供需高效匹配，有助于实现经济与社会、物质与精神、城乡之间、区域之间的协调发展。共享经济的核心就是使资源利用效率最大化，是绿色发展的最佳体现。共享经济的最大优势就是利用互联网，而互联网的特性就是开放共享和全球化，所以许多共享型企业从一开始走的就是全球化路子。共享经济具有典型的“人人共建、人人共享”特征，为落后地区、低收入人群创造了更多地参与经济活动、共享发展成果的机会。

发展共享经济是推进供给侧结构性改革的重要抓手。供给侧改革的主要方向就是优化供给结构，提高供给质量和供给效率，促进经济社会稳步发展。共享经济对于推进制造业、农业、服务业等领域的供给侧改革具有重要意义。就制造业而言，共享经济模式向制造业领域的深入渗透、全面融合以及再次创新，是重构供给侧生产结构的重要途径，共享经济与制造业的融合发展将进一步提升劳动力、资本、技术、管理等要素的配置效率，增强产业供给的能力和水平，为经济增长持续注入新活力、新动力，拓展产业发展新空间。就农业而言，共享经济发展有助于盘活农村闲置资源，提高土地、水利设施、农机设备等利用效率，帮助农村劳动力创业就业，建立和完善农产品质量保障体系。当前定制化农业、体验农业、休闲农业、观光农业、农业 O2O 等新模式中都带有共享经济的基因，很大程度上就是共享经济在农业领域的实现与应用。就服务业而言，共享经济将不断提升服务业整体效率和水平。目前，共享经济发展最快的领域主要集中在服务业，网约车、共享单车、家政服务共享、远程教育与医疗服务等的快速发展，正在并将继续深刻地改变人们的生活方式。

共享经济是贯彻落实创新驱动发展战略，推动“双创”“四众”的最佳试验场。现阶段，共享经济最能体现信息技术创新、商业模式创新以及制度创新的要求。共享经济的发展孕育了一大批极具发展潜力的平台型企业，成为激发创新创业的驱动力量。“众创、众包、众扶、众筹”在很大程度上就是共享经济的重要体现。

共享经济是构建信息时代国家竞争新优势的重要力量。在信息革命引发的世界经济版图重构过程中，共享经济的发展将起着至关重要的作用。实践表明，中国发展共享经济有着自身独特的优势和有利条件，起步快，势头好，在众多领域开始形成与先行国家同台竞争、同步领跑的局面，未来在更多的领域存在领先发展的巨大潜力，有望成为信息时代国家竞争新优势的重要源泉。

共享经济是一种新业态，也是一种新模式和新理念，在推动实现所有国家发展的战略目标和任务中，共享经济都可以发挥重要作用。

知识点

共享经济对实现所有国家发展目标都可以发挥重要作用。

思考题

为什么说共享经济集中体现了“新发展理念”的战略要求？

Q24 中国共享经济发展的政策环境如何?

我国共享经济发展的政策环境在持续优化，具体表现为：“鼓励创新、包容审慎”的主基调已经确定；部分领域出台一系列政策文件，为规范管理提供依据；一些地方率先出台鼓励共享经济发展的专门文件。但同时也面临着一些突出问题，主要是：中央与地方的政策存在一定的错位；有些行业法律地位不明确，面临政策风险。

我国高度重视共享经济发展，积极发挥其在稳增长、调结构、惠民生、促就业等方面的重要作用。中央和地方先后在消费、物流、交通、制造等多个领域出台了一系列鼓励共享经济发展的政策措施，为共享经济向更广领域拓展、更高层次发展、更多群体普及创造了良好的政策环境。主要表现在以下三个方面。

一是“鼓励创新、包容审慎”的主基调已经确定。2017 年，国家明确了以“鼓励创新、包容审慎”为核心的共享经济发展原则和政策导向。6 月 21 日的国务院常务会议上明确提出，要清理和调整不适应共享经济发展的行政许可、商事登记等事项及相关制度，同时按照“鼓励创新、包容审慎”原则，审慎出台新的准入和监管政策。7 月 12 日的国务院常务会议上强调，“对于任何新生事物，应尽量秉持‘包容审慎’的监管方式，不能一上来就‘管死’”。2017 年 7 月，发改委等八部委出台《关于促进分享经济发展的指导性意见》，提出要按照“鼓励创新、包容审慎”的总体要求和原则，推动共享经济的发展。这一切表明，“鼓励创新、包容审慎”已经成为我国制度创新的基本政策取向，为共享经济发展营造了良好的政策环境。

二是部分领域出台相关政策文件，为规范管理提供依据。在网约车、共享单车、共享汽车、在线直播、分享金融、网络餐饮、互联网医疗等细分领域，近年来中央有关部委及地方政府主管部门也相继出台了一系列相关政策文件，为规范行业管理、引导行业自律和健康发展提供了政策依据。

三是一些地方率先出台鼓励共享经济发展的专门文件。重庆市出台了《关于培育和发展分享经济的意见》，浙江省出台了《关于加快促进浙江省分享经济发展的指导性意见》，江苏省出台了《关于加快互联网平台经济发展的指导意见》，昆山市制定了全国首个共享经济专项规划，成都市发布了《关于推进共享经济发展的实施方案》，甘肃省发布了《关于推进分享经济健康快速发展的通知》。

与此同时，共享经济的政策环境还存在一些不尽如人意的方面，比如：

——中央与地方的政策存在一定的错位。近年来国家出台的许多重要文件都明确提出要鼓励发展共享经济，但从一些地区出台的具体政策看，往往是强调规范的多、鼓励发展的少。以各地出台的网约车管理细则为例，多数城市都从车辆标准、司机资质、平台条件、申请程序、保险要求、顺风车限制等方面细化了国家层面的有关规定，有些城市对司机户籍、车辆轴距、排量、使用年限，甚至揽客区域都进行了过度限制，严重背离共享经济的发展规律与内在要求，也与国家包容创新的政策导向相偏离。由于与中央政策鼓励态度存在错位，许多地方的实施细则在网络上负面评价较多，尤其是对户籍方面的限制颇有微词。其他领域出台的相关规定也存在类似的问题。

——有些行业法律地位不明确，面临政策风险。以共享住宿为例，共享住宿是互联网在传统住宿领域深化应用形成的新业态、新模式，与传统房屋租赁业和旅馆业的运营有很大的不同。与其他共享经济新业态一样，共享住宿也面临法律地位模糊的问题。近年来，虽然有关部门积极鼓励共享住宿发展，明确了放宽在线短租等旅游新业态市场准入的大原则，但目前尚未出台相关的管理办法与实施细则。法律地位的模糊，给共享住宿的行业管理带来了一系列难题，诸如该不该管、谁来管、如何管、管什么等，这些难题也在一定程度上给行业发展带来了不确定性。比如，在市场准入方面，有关部门往往参照旅馆业或者房屋租赁业等管理办法，要求房东申请旅馆业特种行业许可证、营业执照、消防验收报告书、卫生许可证等资质材料，这些资质要求显然与共享住宿模式的内在要求和跨区域、网络化的运营模式相悖，也会导致房东的潜在的法律风险。

知识点

中国发展共享经济的政策总基调是“鼓励创新、包容审慎”。

思考题

你看到的现有共享经济政策规定中有哪些没能很好体现“鼓励创新、包容审慎”的要求？

第四章

为什么说一个新的时代已经到来

Q25 如何看待“花样分享”？

Q26 有人说“共享经济已死”怎么看？

Q27 共享经济对就业会有哪些影响？

Q28 共享经济真的能成为新动能吗？

Q29 共享经济是否有利于环保？

Q30 共享经济对人们消费有什么影响？

Q31 共享经济将对企业有什么影响？

Q32 共享经济真的拉近了陌生人之间的距离吗？

Q33 为什么说共享经济有助于促进社会包容？

Q34 共享经济如何满足人民群众的美好生活需要？

Q35 共享经济可能对GDP产生怎样的影响？

Q36 为什么共享经济需要新的经济统计监测体系？

Q37 为什么说共享经济实践对传统经济学理论提出了挑战？

Q38 共享经济如何更好地满足人们的个性化需求？

Q25 如何看待“花样分享”？

从客观和理性的角度看，被称为“花样分享”的各种分享活动，不能排除少部分人跟风炒作、博取眼球的成分，但这些并非共享经济的主流，绝大多数分享活动是创业者的一种积极的创新试验，值得肯定。事实上，正是这种不断创新的新思维，才使得共享经济在越来越多的领域得到应用。花样分享的创新效果如何，最终要经由市场来检验。

2016年曾经被认为是共享单车的元年、知识付费的元年和网络直播的元年。到了2017年，新的分享模式更是层出不穷，如共享汽车、共享停车位、共享篮球、共享充电宝、共享雨伞、共享书店，还有共享大学生宿舍等，甚至连珠宝这样的以往被看作个人专用型产品也开始被共享。以至于有媒体调侃道：“能分享的终将被分享，到现在为止，只有男朋友、女朋友是不能被分享的。”针对这些眼花缭乱、花样翻新的各式各样的分享活动，在社会和媒体上展开了热烈的争论：“花样分享”究竟是资本趋利的“一时之快”，还是新模式的“大胆创新”呢？

从客观和理性的角度看，被称为“花样分享”的各种分享活动，不能排除少部分人跟风炒作、博取眼球的成分，但这些并非共享经济的主流，绝大多数分享活动是创业者的一种积极的创新试验，值得肯定。

事实上，正是这种不断创新的新思维，才使得共享经济在越来越多的领域得到应用。从共享经济发展的历史经验来看，分享模式的各种创新尝试都是值得鼓励和支持的，因为在许多领域共享经济活动要么处于空白，要么尚属于尝试和探索阶段，哪些产品和服务能共享、以什么模式共享、该模式能否持续下去、消费者和市场反应如何等，都不可能事先得到确切的答案，必须经过尝试和市场竞争的优胜劣汰，才能知道该分享活动是否为市场和消费者所接受。从这种意义上讲，市场才是决定创新价值的最根本因素，共享经济的创新也不例外。

花样分享必须经过市场的检验关。现在共享经济很“时髦”，但不是每种“共享”都有稳定、长期的需求，也不是每个套上“共享”外衣的新事物都有创新点，关键还是要看市场和社会的反应。目前而言，社会和舆论不应该更多地指责“花样分享”，而是应该探讨如何让分享更具创新性，更好地对市场需求做出反应。一方面，选题要好，把握分享的创新方向，要以高频次使用的产品和服务、标准化的运营模式、智能化产品为创新重点，紧紧围绕制造业这个未来共享经济的主战场，以及教育、医疗、知识、物流、技能等众多的“风口”领域。另一方面，对共享经济创业者来说，在进行商业布局时要高度关注线下服务，尤其是要为用户提供良好体验，否则辛苦抢占的先机有可能得而复失。

当然，发展共享经济必须坚持底线思维。有些“花样分享”引发了广泛的社会反思和质疑，如共享板凳、共享雨伞、共享睡眠舱等。另外，还有商家置社会道德于不顾，打着“共享女友”的旗号做宣传，造成极其不良的社会影响，并很快被有关执法部门叫停。更有一些人会用共享之名行欺诈之实，如一些 P2P 平台从一开始就是用欺骗手段进行非法集资，已经是一种违法犯罪行为。

知识点

共享经济模式创新要经历市场检验，同时还要有底线思维。

思考题

为什么一些 P2P 平台明显是欺诈平台还会有那么多人参与？

Q26 有人说“共享经济已死”，怎么看？

当前共享经济发展正处于转型期，发展空间巨大，充满创新活力。“共享经济已死”的说法反映了对共享经济的认识存在偏差。

新事物的出现总是伴随着争议，甚至会出现一些流行的错误性说法。从 2016 年底到 2017 年，有些媒体针对共享经济发展过程中出现的一些新现象、新问题所带来的争议性话题，如共享单车是不是共享，共享雨伞、共享充电宝、“共享女友”等花式创新引发的争议，频繁地以“共享经济已死”“伪共享经济”为标题进行宣传报道，在社会公众中造成了一定的负面影响。这些说法大都是以偏概全、危言耸听，在很大程度上为了博取眼球，而不是对共享经济发展状况的客观对待。总体来看，当前中国共享经济发展正在进入快速成长期，发展空间巨大，充满创新活力。

一是从产业生命周期的视角来看，共享经济在经历了早期的起步阶段后，正处于一个高速成长的黄金阶段，距离行业走向成熟甚至衰退尚且遥远，断言“死亡”更是无从谈起。

二是从发展空间来看，当前的共享经济虽然已经涉及生活、生产的许多领域，并且在交通出行、生活服务、金融等领域已经得到较为广泛的应用，但在经济活动的许多主要领域如制造业、农业、教育、医疗等还处于起步期，未来发展潜力巨大。

三是绝大多数共享活动和共享模式都是一种积极的创新活动，这些创新对经济增长、就业、投资、消费者体验也都有积极的效果，因而受到各级政府、投资者、消费者等广泛的欢迎。

当然，如同任何新事物的出现总会伴随着争议一样，共享经济的成长过程也难免要与“争议”，甚至是“非议”结伴成长。一些偏颇的说法也是共享经济发展早期阶段，人们的认识不到位，尤其是不能与时俱进所出现的一种正常现象。具体而言，上述说法与以下的原因有关。

一是对共享经济的认识存在偏差。这一偏差的出现很大程度上与拘泥于早期的共享理念，而不能随着共享经济的实践与时俱进有关。早期的共享经济强调如下的理念：P2P，即个人面向个人的服务；个人闲置或利用不充分的资源，即所谓海量分散化闲置资源；兼职者而非专业化服务者；互助性质，意味着许多共享活动是非营利性的。如果按照上述理念来评价目前的共享活动，那么那些有着专业化的参与者（个人和企业）、以营利为目的的共享活动，势必就会认为是“伪共享”，真正的共享经济也就“死亡”了。

二是对创新性做法的认识偏差。创新活动是一种蜂聚现象，随着重大原创性的创新出现，会有大量次级的、模仿性的创新，甚至还有所谓的跟风式、搭便车式的创新。同时，创新也是一个试错过程，市场竞争和消费者会逐步将那些缺乏竞争力、无价值的创新淘汰掉。在共享经济活动中，跟风式、搭便车式的创新，自然也是共享经济创新过程当中的一种正常现象，同样也会接受市场和消费者检验，既不要大惊小怪，更无须严防死守。

三是个别商家的恶意炒作引发社会热议。共享经济活动既受制于法律的约束，也受到道德规范的约束。有违法律和道德的所谓共享活动难免会招致法律的制裁和道德的谴责。而“共享女友”就是一个典型例子。商家的自作聪明以及炒作式营销，严重触及中国人文化道德的底线，自然遭受公共舆论的谴责，也很快被工商部门查封。

知识点

共享经济正在进入快速成长期。

思考题

共享经济最终会不会死？

Q27 共享经济对就业会有哪些影响?

共享经济对就业的影响，一是增加了就业岗位，包括直接的就业机会和间接的就业机会。二是改变了就业形式。共享经济的快速成长改变了传统的就业方式，创造了庞大的以自雇型劳动者身份为主的灵活就业机会。三是共享经济有力地促进了包容性增长，在解决产能过剩行业工人再就业和贫困地区劳动力就业等方面的作用开始显现，对“去产能”和脱贫攻坚起到积极推动作用。

就业是最大的民生，我国始终坚持把就业置于发展优先位置。党的十九大报告指出，要坚持就业优先战略和积极就业政策，实现更高质量和更充分就业。有人说新经济的发展对传统经济造成了冲击，导致了就业的减少。但事实上，新经济的发展创造了许多就业新岗位，尤其是共享经济，它的灵活性特征创造了大量的兼职岗位，既改变了传统工业经济的就业方式，也促进了包容性的增长。一个人只要有一技之长，就可以通过平台提供开车、跑腿、做饭、清洁等服务。人们可以选择全职的服务工作，也可以利用下班时间选择一份兼职工作。共享经济对就业的影响更多是正面的，主要表现在以下三个方面。

一是增加了大量的就业岗位。国家信息中心研究报告显示，2017 年我国参与共享经济活动的人数超过 7 亿人，比上年增加了 1 亿人左右。其中提供服务者人数约为 7000 万人，比上年增加 1000 万人。2017 年我国共享经济平台企业员工数约为 716 万人，比上年增加 131 万人，约占当年城镇新增就业人数（1354 万）的 9.7%，这意味着城镇每 100 个新增就业人员中，就有约 10 人是平台企业新雇用员工；而 2016 年共享经济平台企业新增员工数（85 万）占当年城镇新增就业人数（1314 万）的比重约为 6.5%。可见共享经济对扩大就业的作用进一步凸显。

二是改变了就业形式。共享经济的快速成长改变了传统的就业方式，创造了庞大的灵活就业机会，人们可以依照自己的兴趣、技能、时间及其他资源，以自雇型劳动者身份灵活就业，参与到分享活动中。越来越多的人将从劳动雇佣关系走向劳务合同关系，从雇佣式就业走向创业式就业，从泰罗制的管理走向平台化的协同，从全职全时工作走向兼职分时工作，从机械的流水线作业走向自由灵活的“云上”作业，从办公室与工厂走向更个性化的居家与旅途。调研和测算数据表明，共享经济的就业弹性系数明显高于传统产业部门。

随着共享经济的发展，越来越多的人不再将自己束缚于某个公司或者机构，而更愿意“为自己工作”，自谋职业、短期合同工作、非全日制工作等灵活就业将在未来就业形态中占据越来越大的比例。《经济学人》杂志曾形象地形容，未来劳动者的供应像“水龙头的流水”（Workers on Tap）一样方便、可操控，让拥有弹性工作时间的个人获得灵活就业机会。中国的年轻人也越来越推崇自由职业。根据 2015 年小康杂志社联合清华大学媒介调查实验室的一项调查，在最受欢迎的职业选择上，自由职业者排名榜首，盖过了公务员、事业单位、国企等“体制内”的职业。

三是有力地促进了包容性增长。《2016 年世界发展报告》显示，互联网平台为难以找到工作或生产性投入的人带来了更多机会，帮助女性、残障人士、贫困人口等弱势群体获得更好的就业创业机会。如在Elance自由职业者平台上，有44%的全球网上劳动者是女性；印度推出了Kudumbashree项目，把信息技术服务工作外包给由贫困家庭的女性组成的合作社。在中国，共享经济平台在解决产能过剩行业工人再就业和贫困地区劳动力就业等方面的作用已经开始显现。不难想象，如果没有共享经济，许多人几乎很难实现就业。

此外，共享经济还将引发就业保障制度的新变化。

知识点

共享经济可以增加就业岗位，改变就业方式，促进包容性增长。

思考题

灵活就业会给自己带来什么样的机会？

Q28 共享经济真的能成为新动能吗？

新动能是与旧动能相对的一个概念，强调的是在不同的历史发展阶段，经济发展的动力来源不一样。就目前发展阶段而言，新动能就是指基于信息革命产生的动能；与其相对的旧动能是指传统工业化过程中的动能。与传统工业动能比较，信息时代的新动能有一些明显的新特征。共享经济具备目前经济发展新动能的主要特征，必然成为未来一段时期经济发展重要的新动能。

从根本上讲，经济发展的核心动能是科技进步及其引发的产业革命。在每一个大的历史发展阶段，还会有若干关键技术在一定时期内发挥主导作用，如工业革命进程中的蒸汽机、电气化、自动化等，信息革命进程中的计算机、互联网、移动互联网、物联网等。在经济发展的实践中，影响动能集聚和发挥的要素还有很多，比如经济体制、发展战略、发展模式等。

新动能是一个与旧动能相比较而产生的动态概念——在不同发展阶段会有不同的新动能出现，一个时期的新动能到了下一个时期就会退身为旧动能或落后动能。比如，在农业时代，犁曾经是新动能；但在工业时代出现机械化后，犁就变成了落后动能；工业时代的大规模标准化工厂生产，曾经也是新动能，但到了信息时代，个性化定制出现后，传统的大规模生产也即将成为落后动能。

一、共享经济具有信息时代经济发展新动能的基本特征

就目前发展阶段而言，新动能就是指基于信息革命产生的动能，与其相对的旧动能是指传统工业化过程中的动能。与传统工业动能比较，信息时代的新动能有一些明显的特征。

技术特征：从工业化到信息化。以计算、网络、通信为代表的信息技术在经济社会发展各领域、各环节的深化应用被称为信息化，主要体现为数字化、网络化、智能化进程的快速发展。经济发展的创新驱动源于信息技术的推广利用及其与新能源、新材料、低碳、生物技术交叉融合。

经济特征：从工业经济到信息经济。不仅信息经济对 GDP 增长的贡献度越来越大，产品与产业也需要重新理解和定义，比如汽车会成为移

动信息终端，马桶盖会成为健康平台入口，冰箱会成为饮食健康管理中心等。与工业经济的大规模标准化追求不同，信息经济更关注小微化、个性化、柔性化。

社会特征：从工业社会到服务社会。新动能体现了信息社会的需求，将推动人类社会从工业社会向信息社会加速转型。一个以人为本、包容发展、可持续发展的新型社会正在到来。

文化特征：从工业文明到信息文明。互联网拥有的开放、平等、协同、共享等文化特质在新动能形成并发挥作用的过程中得到充分体现。

要素特征：从物质资源到数据资源。数据、信息、知识成为最重要的战略资源。用数据说话、靠数据决策、依数据行动成为“数据驱动一切”的基本诠释。

模式特征：从价值链到生态圈。价值创造不再依靠每个环节的成本节约和产出比，而是通过资源配置的有效性和精准服务来实现，互联网成为资源配置的主要渠道，“网络配置一切”成为可能。

目标特征：从价值追求到意义追求。农业社会强调功能，工业社会强调价值，信息社会强调意义。新动能通过解决问题去实现新的价值创造，强调对社会发展的积极意义。

效果特征：从产销规模第一到用户体验第一。新技术的应用使得产品和服务变得越来越简单、高效、便捷，越来越省钱、省力、省心。

共享经济作为全球新一轮科技革命和产业变革下涌现的新业态、新模式，在现阶段主要表现为利用网络信息技术，通过互联网平台将分散资源进行优化配置，提高利用效率的新型经济形态。共享经济有现代信息技术做支撑，核心是最优的用户体验，追求资源利用效率最大化，此外大众参与和生态化扩张都是其实践的重要特征。所有这些都符合前述目前的经济发展新动能的特征，必然成为未来一段时期经济发展重要的新动能。

二、共享经济在培育四类经济发展新动能方面都有卓越的表现

国务院参事室“培育经济发展新动能”课题组结合技术革命演进、经济社会发展阶段和创新实践基础，认为转型期中国经济发展的新动能主要体现为四个方面：新理念、新技术、新模式、新制度。“四新”相互影响，相互作用，形成组合拳，以顶天立地的理念创新思维、以翻天覆地的技术创新能量、以铺天盖地的模式创新智慧、以震天撼地的制度创新勇气，构建起一个全新的、优良的创新生态体系，接续升级传统优势，培育壮大新动能，为经济稳中求进、爬坡过坎、加快增长方式转变提供源源不断的动力。

——新理念：最根本的新动能。新理念就是树立适应信息革命和信息社会发展的发展理念，把握新一轮科技产业革命发展的趋势，认清创新驱动发展是首位战略，把创新作为发展的第一理念、第一动力。理念创新是培育壮大新动能的首要前提。在从工业社会向信息社会加速转型的过程中，创新成为生产力变革的重要驱动力。与此同时，互联网思维、“互联网 +”思维、大数据思维等新的发展理念也在不断产生。共享经济以使用权分享为核心，“不求拥有，但求所用”，其本身就是一种新的发展理念。

——新技术：最核心的新动能。新技术就是要运用新一代信息技术、智能制造技术、生物技术、低碳技术等具有划时代意义的前瞻性技术，

催生新产业、新业态，创造新供给、新需求。技术创新是培育壮大新动能的核心支撑。一项核心技术，往往可以集聚一批人才，成就一个企业，打造一个品牌，形成一个产业。共享经济本身就是大数据、物联网、移动互联网、现代支付、现代物流、数字地图等一系列新一代信息技术共同作用的产物，也是新技术利用最为活跃和最为成功的领域。

——**新模式：**最活跃的新动能。新模式就是要运用互联网平台，集聚分散的、海量的资源，推动开放共享、融合重组，实现供需精准匹配，提高要素配置效率。模式创新是培育壮大新动能的普遍抓手。互联网作为一种创新要素、创新工具，以其巨大的创造空间、市场能量和低成本、便利化的服务，成为改造传统产业、催化新兴业态的基础平台。共享经济本身就是一种最具代表性的资源配置新模式。

——**新制度：**最紧迫的新动能。新制度就是要营造公平竞争的市场环境，简政放权，强化激励，容许试错，宽容失败，推动大众创业、万众创新。制度创新是培育壮大新动能的根本保障，是激发市场经济活力与拓展双创空间的助推器。共享经济以平台为核心构建了较为完整的生态化制度体系，同时推进并带动了传统监管制度体系的变革。

三、共享经济可以对传统经济发展动能起到续航作用

从中国改革开放的实践看，经济发展的主要动能来自市场化、国际化、廉价劳动力、资源要素投入等多个方面。目前，这些新动能都遇到了瓶颈。引入共享经济，这些动能可以重新焕发活力。也就是说，共享经济可以为传统经济续航，我们可以称之为“共享续航”。

知识点

转型期主要的新动能可以分为四大类：新理念、新技术、新模式、新制度。

思考题

为什么说共享经济可以促进制度创新？

Q29 共享经济是否有利于环保？

提高资源利用效率是共享经济最显著的特征，环保理念的提升是消费者参与共享经济活动的重要驱动力之一。共享经济活动有利于减少碳排放，这一点在交通出行、共享住宿等领域体现得较为明显。未来随着共享理念的渗透和人们的广泛参与，共享经济对环境保护的促进作用会越发突出。

保护环境是人们参与共享经济活动的初衷之一。共享经济活动能够提高资源利用效率，减少重复购置和浪费，从而减少资源的消耗和碳排放。《共享经济：重构未来商业新模式》一书的作者蔡斯认为，美国有五分之一的家庭生活用品从以前的购买转向租用，平均每年减少近 1300 万吨的使用量，从而降低了 2% 的二氧化碳排放量。法国学者德马依（Demailly）和诺威尔（Novel）认为，在共享经济充分发展的情况下，服装、汽车、家具、电话、电视、玩具、体育用品以及园艺工具等都是可分享的物品，可以减少 20% 的碳排放量。

从交通出行、共享住宿等发展较早的领域来看，共享经济对环保的好处有更为翔实的数据支撑。美国共享经济协会数据显示，每分享 1 辆汽车，可以减少 13 辆汽车的购买行为。麻省理工学院的研究发现，在不影响通勤时间的情况下，使用优步和 Lyft 提供的拼车服务 carpooling，能够减少 75% 的出租车数量 。英国《经济学人》指出，每一辆共享汽车可以使道路上行驶的汽车减少 9~13 辆，甚至可以减少共享人的行驶里程数的 44%。在德国，一辆 Gofun 共享汽车每年可减少 30 吨汽车尾气碳排放量，相当于 15 棵树一年的尾气吸收量。

当前中国的汽车保有量约为 2 亿辆，假使每辆车每天出门一到两次，日均汽车出行量约为 3 亿次，相当于全国出租车每天总出行次数的 10 倍。在这些私家车中，独自驾驶出行比例超过了 90%，资源浪费巨大。通过算法智能匹配的顺风车服务，能够让路程相似的通勤者拼车出行，一同分担油费，有效提高了车辆利用率，减少了私家车出行率，既降低了私家车车主的燃料成本，又减少了能源消耗和每年数百万吨的碳排放量，是一种高效环保的出行方式。滴滴数据显示，2018 年春节长假期间（2 月 15—21 日），滴滴出行平台上跨城顺风车出行距离在 30~100 公里的订单量占到了 65.9%，100~300 公里的订单量占 27.2%，300~1000 公里的订单量占 6.5%，1000 公里以上的订单量占 0.4%。值得指出的是，由于共享出行理念的日渐普及，未来汽车保有量将进一步降低。波士顿咨询预计，到 2021 年汽车共享将使汽车销量减少约 5%, 到 2025 年，中国汽车市场增长率预计将从 11% 降至 5% 左右。另外，网约车和顺风车也使道路资源得以释放，既有助于缓解交通拥堵，也间接地减少了碳排放量和资源消耗。

共享单车是一种更加绿色、低碳、健康的生活方式，并已经成为与公交巴士、地铁并行的三大公共出行方式之一。截至 2017 年底，共享单车总用户超过 2.2 亿，占网民总数的 28.6%。共享单车的普及显著缓解了交通拥堵和公共交通压力，也有效地减少了我国年碳排放量。调查数据显示，用户在使用共享单车以后，包括私家车、网约车、出租车在内的小汽车总体使用量减少了 55%。以摩拜单车北京骑行量最大的三个区域——国贸、金融街、中关村为例，2017 年上半年，上述区域的拥堵延时指数较上年同期分别下降 16%、10% 和 7%。截至 2017 年底，摩拜单车累计减少碳排放量 440 万吨，带来总体经济效益超过 1.94 亿美元，为应对全球气候变化提供了中国范例 。

在共享住宿领域，2013 年环境咨询组织 Cleantech Group 对全球 8000 个爱彼迎房客和房东的调查发现，与住酒店相比，房客在欧洲地区由爱彼迎提供的民宿中住一晚的碳排放量减少了大约 89%，在北美地区则为 61%。从总量上看，爱彼迎在欧洲和北美洲所减少的碳排放量分别等同于当地 20 万辆和 3.3 万辆小汽车的温室气体排放量 。

总之，共享经济对环保的积极影响是多方面的：共享经济让节俭的消费理念深入人心，也让低碳、环保、绿色的生活方式日益流行。同时，共享经济也通过对现有的、未充分利用的、分散化资源的更高效配置，使得整个经济增长由粗放和高污染方式转向绿色化、集约方式。

知识点

通过减少重复购置和浪费等，共享经济可以减少资源的消耗和碳排放量。

思考题

"共享单车坟场"现象是不是说明共享单车并不环保？

Q30 共享经济对人们消费有什么影响？

"使用而不占有""不求拥有、但求使用"是共享经济的典型特征，也是人们参与共享经济所秉持的一种消费理念。人们的消费理念、消费习惯、消费体验都将发生变化。未来，当共享成为一种普遍的生活方式，其对人们消费的影响将更深刻而长远。

共享经济时代已经来临，共享的理念与模式带来了全新的消费文化，深刻地影响着人们的消费理念与行为，也将改善人们的消费体验。

一是影响人们的消费理念。由于受物质条件所限和传统观念的束缚，长期以来人们习惯于拥有或占有一件物品，"拥有才能享用"的观念根深蒂固。到了共享经济时代，产权的概念虽然重要，但所有权的概念却在逐渐淡化。里夫金在《使用权时代》一书中提出，"摒弃市场和产权交易，从观念上推动人际关系以实现结构性转变，这就是从产权观念向共享观念的转变"。共享经济更加强调使用权的分割、共享，更加重视享受服务，而不是占有本身。凯文·凯利指出，未来是一个需求驱动的经济时代，当你需要某个商品的时候，你能够方便地使用它，而在你不需要的时候，你也不必拥有它。由此，共享经济将极大地改变消费者传统的所有权价值观，从注重所有权到注重使用权。

二是改变人们的消费行为。在消费模式的选择上，共享经济扩大了消费者的选择边界，可供消费者选择的商品种类更多、服务更加多样、价格更加灵活，为满足人们的个性化消费带来了极大的便利。如越来越多的市民的日常出行方式由私家车和出租车转向网约车和共享单车；越来越多的家庭在旅游度假时更倾向于选择民宿，而非酒店；越来越多的人喜欢共享平台提供的吃喝玩乐一条龙服务。需要指出的是，共享经济对年青一代的消费行为影响最大。有大量的调查表明，“千禧一代”的年轻人是参与共享服务的最主要群体，而同时中年群体参与和体验共享服务的意愿也在持续增加。

三是提升了人们的消费体验。与传统经济模式相比，共享经济更加注重用户体验。借助于现代信息技术，共享经济极大地降低了交易成本，能够以快速、便捷、低成本、多样化的方式满足消费者的个性化需求。以用户最为熟悉的网约车为例，过去人们是通过路边招手打车，是“人在等车”，遇到早晚高峰、刮风下雨，“打车难、打车贵”的现象极为普遍。有了网约车以后，人们会在出发之前就提前约车，变成了“车在等人”，不仅节约了时间，更是极大地改善了人们的出行体验。同时，共享经济也强调用户评价机制，一方面，人们能够及时地对服务质量和体验进行评价，从而对其他消费者的选择产生直接影响；另一方面，人们也能够得到及时、公开、透明的评价信息，从而选择合适的交易对象。用户评价机制能够有效推动平台与供给方努力改进服务，以提升用户体验。

未来，当共享成为一种普遍的生活方式，其对人们消费的影响将更深刻而长远。当拥有一件物品的成本大大超过共享使用成本时，越来越多的人会选择“轻生活”，实现“换一个活法儿”。

知识点

通过减少重复购置和浪费等，共享经济可以减少资源的消耗和碳排放量。

思考题

将来中国会不会出现多数人不购买住房的现象？

Q31 共享经济将对企业有什么影响？

共享经济与实体经济加速融合，改变了原有的商业模式，打破了资源的专有性，使得生产要素的社会化使用更为便利，企业可以通过以租代买、按需付费等方式使用设备、厂房及闲置生产能力，在更大范围内实现了生产要素与生产条件的最优组合。随着越来越多的大企业开放资源，中小企业也能够低成本地共享大企业的优质资源，企业的创新门槛将不断降低，生产组织方式将更加灵活，组织规模也将越来越小型化、分散化和创客化。

共享经济新业态新模式正在各个领域迅速普及应用，共享经济与实体企业在技术、产业、数据等诸多层面加速融合，共享的基因越来越多地被注入实体企业的创立、用工、研发、设计、生产、销售、服务等各个环节，对企业的发展产生重要影响。

一是有助于降低企业研发成本，提升创新效率。以科研设备共享为例，科技型中小企业在研发过程中经常需要用到许多科研设备，但这些设备都有一定的专用性，且价格昂贵。要为不同的研发项目购置相应的科研设备，对中小企业而言，既负担不起，也容易造成浪费。在共享经济模式下，企业可以通过支付使用费的方式使用设备，节省购买设备的高额支出。例如，北京一家科技企业需要对石斛中的农药残留及重金属进行检测，由于该检测对服务商资质要求高，每一项检测指标都需要资质认证报告，而且检测样品数量很多，要按传统的方式寻找检测服务商耗时费钱。但通过以科研设备共享为主营业务的易科学平台，公司在 3 天内找到了数十家服务商进行对比筛选，最终找到了合适的检测服务商，既大幅提高了检测效率，也节约了检测成本。

二是有助于改变传统生产方式，实现协同生产。过去，由于外部交易成本过高，企业往往选择内部生产的方式满足需求。在共享经济模式下，平台的出现使得市场交易成本大幅降低，基于网络的协同众包成为制造业发展的一个重要方向，越来越多的制造业企业开始积极推进基于互联网的个性化、网络化、柔性化制造模式。如海尔集团提出了“人人创客”的转型战略，努力推动海尔从制造产品向制造创客转型，以满足当前需求个性化、生产分散化的市场新动向和消费者新需求。宁波的生意帮是一家协同智造众包平台，利用互联网技术实现众多中小微工厂的协同生产。截至 2017 年底，生意帮平台拥有合作工厂 15000 多家，其中模具厂 2400 家、机械加工厂 6500 家、表面处理厂 2700 家以及组装厂 500 家等。在传统模式下，完成一个新产品的开发、打样、试生产、批量生产，大多需要花费半年到一年的时间；但生意帮平台在帮助共享单车企业制造二维码车牌时，2天时间完成了打样，5天时间完成了工艺优化并组织了40多家中小工厂联合生产，15天时间达到日产10万套，45天时间完成235万套的生产任务，充分展现了共享经济的魅力。

三是改变企业的营销方式，“以租代售”日渐流行。共享经济的最大特点是强调使用权的分享，企业从卖产品向卖服务转型，以租代售成为企业新的发力点。如宝马、奔驰、奥迪等汽车巨头引入共享经济模式，在以租代售、停车共享等领域已经取得了很好的成效。2018年4月，滴滴出行和31家汽车产业链企业发起成立“洪流联盟”，以开放和赋能为核心，共建汽车运营商平台，推进新能源化、智能化、共享化的产业发展。徐工集团成立了为道路工程机械用户提供“一站式”解决方案的综合服务平台——徐工“路之家”工程机械信息服务平台，推动工程机械以租代售的新模式。未来，企业营销将是卖产品与卖服务并存的一种混合状态，越来越多的企业将引入以租代售的模式。

四是共享经济将改变企业的组织方式。随着越来越多的大企业开放资源，中小企业也能够低成本地共享大企业的优质资源，企业的生产组织方式将更加灵活，组织规模也将越来越小型化、分散化和创客化。与此同时，组织方式的变化也将给企业管理带来新挑战，传统的层级制管理将向更加扁平化的管理方式转变。

到目前为止，企业发展所需要的大多数服务都已经有了相应的共享平台，企业完全可以通过共享经济“换一个玩法儿”。

知识点

共享经济可以帮助企业改变研发、生产、组织、营销方式，实现“换一个玩法儿”。

思考题

在共享经济环境下，企业做强长板和补齐短板哪个更有利？

Q32 共享经济真的拉近了陌生人之间的距离吗？

共享经济不仅连接供给和需求，还特别注重人与人之间的沟通交流，是一种更好的社会交往方式。

共享经济发展除了对经济生活产生重要影响，还在改变着人们的社会关系。共享经济发展将对人际交往、社会信任乃至整个社会的公平都产生不小的影响。共享经济不仅连接供给和需求，还特别注重人与人之间的沟通交流，是一种更好的社会交往方式。与传统的标准化的商品和服务相比，共享经济所创造的陌生人之间的交往对缓解现代社会人际关系的疏离、重建社会信任都极有助益。

共享经济发展有助于缓解刻板印象与社会“标签化”。刻板印象主要是指人们对某个事物或物体形成的一种固定的看法，并把这种看法推而广之，认为这个事物或者整体都具有该特征而忽视个体差异。这种固定的、武断地对某一类群体的看法随之会形成一种“群体标签”，即形成了社会“标签化”现象。社会“标签化”现象与刻板印象很大程度上代表了社会偏见，缺乏社会交流是造成这种现象的重要原因。而共享经济发展增加了陌生群体之间直接接触的渠道，提供了阶层垂直交流的可能性，从而有助于缓解这一现象。如因缺乏了解导致外国人对中国人的评价经常贬大于褒，可是来自房屋分享平台爱彼迎的数据显示，出境游的中国客人受到了全世界最多的好评，这得益于共享经济提供的更多的人深入接触与交流的机会。

从纵向看，传统社会阶层的固化让垂直交流变得异常困难，共享经济活动让不同阶层的群体有了更多接触交流的机会，这对于打破阶层标签、缩小认同差异有重要作用。在开专车的时候可以体会司机的辛苦，给陌生人做饭能感受服务人员的细致；在彼此交往中也许会发现原本接触不到的大人物并没有那么威严不可侵犯；外来务工人员也没有那么“不拘小节”、不甚讲究。当然，共享经济并不能完全解决长期以来形成的社会阶层固化、垂直流动困难等问题，这不是任何一种经济形态能彻底解决的。但共享经济发展促成了更大范围的交流，促进了知识、经验、生活体验在不同阶层群体之间的流动，这些是其他经济形态很难做到的。

共享经济发展有助于增进社会信任。共享经济中参与者互动的强度与亲密度超越了以往陌生人之间的联系，这种新的联系本身就有助于推动社会信任。正如美国哲学家普特南所认为的，互惠规范和公民参与网络能产生社会信任。从更现实的层面说，平台企业在实名认证、背景核实、评价机制建设等方面的努力，成为促进陌生人之间信任的重要保障。如专车平台对所有接入平台的司机进行严格的资料审查，爱彼迎也实现了信息匹配、订金及尾款支付、评论反馈、沟通平台建立等。未来各个分享平台的信用体系有望实现共享互通，诚信记录的透明化既赋予每个个体自我监管和相互监督的能力，也将成为社会信任体系不断完善的重要保障。那时，网络空间也将可能像现实社会般拥有一套信用机制，公开性与可操作化更强。

共享经济通过陌生个体之间的服务和商品交换来推动诚信体系建设，线上交流和线下对接的结合也让参与者切身感受到陌生人之间社会距离的缩短和信任度的提升，“诚信社会”这一理念将伴随着共享经济的繁荣越来越落到实处。

知识点

共享经济扩大了陌生人之间的交往，有助于增进社会诚信。

思考题

到陌生人家里用餐的感觉与在饭馆用餐有何不同？

Q33 为什么说共享经济有助于促进社会包容？

从长期看，共享经济为众多弱势群体参与社会创新系统提供了前所未有的条件和机遇，平台也在为更多群体的参与积极探索和努力，这些都有利于促进社会公平与进步。

共享经济究竟是有助于促进社会公平还是会扩大贫富差距？这个问题可谓是对共享经济发展最大的争议之一。

支持者们认为，低收入群体在共享经济中更为受益，因为他们可以以较低的成本使用原本可能买不起的资源。纽约大学斯特恩商学院教授阿鲁·萨丹拉彻（Arun Sundararajan）的研究发现，旧金山汽车 P2P 租赁行业中，收入在中位数以下的消费者们获益显著，而高收入人群的获益并不明显。因为之前买不起车的消费者现在可以在没有车辆拥有权的前提下，以较低的成本获得车辆的使用权 。

反对者们认为，共享经济带来的变革很大程度上只是对资本所有者以及拥有最高级技术的工作人员有利 。也有学者将当今盛行的“共享经济”与以往的“赠予经济”相对比，认为传统的赠予经济是建立在互惠的基础之上的，但是在共享经济中只有相当少的一部分人可以获取巨额收益。因此，这些财富的聚集也可能会继续加剧收入的不平等、加大社会的鸿沟。也有学者认为，随着分享型企业变得更大、更加集中化，会不再顾及公众福利、社区融合以及稳定的就业机会。

事实上，这些问题都是制度创新在一定程度上滞后于实践创新的阶段性问题。从长期看，共享经济在扩大供给与需求、促进经济增长方面的作用将越来越明显，同时也为众多弱势群体参与社会创新系统提供了前所未有的条件和机遇，平台企业也在为更多人的参与积极探索，这些都有利于促进社会公平与进步。

共享经济的发展为人们提供了更加平等的发展机会。根据国家信息中心的测算，2017 年我国参与共享经济活动的人数超过 7 亿人，比上年增加 1 亿人左右；其中提供服务者人数约为 7000 万人，比上年增加 1000 万人。共享经济在解决产能过剩行业工人再就业和贫困地区劳动力就业等方面的作用开始显现，对“去产能”和脱贫攻坚起到积极推动作用。数据显示，滴滴出行平台已经为去产能行业（煤炭、钢铁、水泥、化工、有色金属等）职工提供了 393.1 万个工作和收入机会，为复员军人、转业军人提供了 178 万个工作和收入机会，帮助 133 万失业人员和 137 万零就业家庭实现再就业，促进了社会和谐稳定。在生活服务领域，截至 2017 年底，美团外卖配送侧活跃骑手人数超过 50 万人，其中 15.6 万人曾经是煤炭、钢铁等传统产业工人，占比为 31.2%；有 4.6 万人来自贫困县，占比为 9.2%。在劳务分享领域，众志好活是一家专注于提供劳务外包服务的双创平台，成立两年时间用户数为 72.1 万，月活跃用户数为 12.1 万，绝大多数分布在劳动密集型产业。产品众筹的出现，意味着每个微小的创意或梦想都可能通过别人一点一滴的助力得到实现。知识共享的发展，使得教育资源的垄断有望被打破，让更多人可以接受高质量的教育。这些资源的获取不会对家庭背景、性别、年龄、收入等提出要求，每个人将获得更加平等的发展机会。从这个意义上说，共享经济对促进社会公平具有重要作用。

知识点

共享经济为人们提供了更加平等的发展机会。

思考题

不会使用手机的老年人也会得益于共享经济吗？

Q34 共享经济如何满足人民群众的美好生活需要？

共享经济有助于更好地满足人们的个性化需求，有助于解决原来发展中存在的不平衡不充分问题，有助于让大多数人参与其中，从而促进包容性增长，并提升和充分实现个体价值。

在党的十九大开幕式上，习近平总书记明确提出："中国特色社会主义进入新时代，我国社会主要矛盾已经转化为人民日益增长的美好生活需要和不平衡不充分的发展之间的矛盾。"我国经济社会发展目标有了新的更精准的定位。

什么是"美好生活需要"？根据马斯洛需求层次理论，人类需求像阶梯一样从低到高按层次分为五种，分别是：生理需求、安全需求、社交需求、尊重需求和自我实现需求，满足了一层的需求，才能继续追求满足高一层的需求。央视财经频道开展的中国经济生活大调查（2017—2018）中有这么一个问题：你努力工作是为了什么？51.7% 的人回答是“追求更高品质的生活”。还有一个变化明显的数据是反映消费意愿的，12 年前第一次开展这样的大调查的时候，居民主要消费集中在吃、穿和用，如饮料、食品、服装等；此次位居消费意愿排行榜前三甲的分别是旅游（42.08%）、保健养生（39.63%）和数码产品（37.62%），10 年间的变化显而易见。如果说过去人们对美好生活的判断往往与物质商品密切相关的话，那么今天人们追求更多的则是更加多样化和个性的需求满足、更加愉悦的体验、更高层次的自我价值实现。

因此，满足人们的美好生活需要，就要致力于解决原来发展中存在的不平衡不充分等问题，最大限度地满足人们的获得感、幸福感，要让最大多数的人参与到国家经济社会建设中来，在共同享受发展成果的过程中实现自我价值。在这方面共享经济有其独特优势。

共享经济有助于更好地满足人们的个性化需求。共享经济的发展，使得市场从“大众化”走向“人人化”成为可能。借助于共享平台，消费者可以分享自己所拥有的资源和信息，从而成为服务提供方；同时也可以作为服务享受方，与服务提供方展开密切互动，参与到一些定制化产品和服务的提供活动中，从被动消费走向主动生产消费，个性化的需求得到最大限度的满足。从某种程度上说，消费者在共享经济中拥有更大的主动权。因此，共享经济的发展不仅增加了经济学意义上的消费者剩余价值，参与过程中还更多地增加了消费者的体验和情感上的价值。

共享经济有助于解决原来发展中存在的不平衡不充分问题。共享经济本质特点在于依托互联网实现社会优质资源的高效配置，而我国经济社会发展中存在大量问题的根源是优质资源分配不均衡。比如，优质医疗和教育资源分布不均，基层群众看病难、偏远地区教育资源不足的问题已困扰我们良久，共享经济的发展使得越来越多的人有可能享受到高质量的医疗和教育服务。名医主刀平台上会聚了国内30000余名三甲医院副主任级别及以上的医师，通过与国内多家三甲医院、二甲医院、民营医院合作，整合了10000多张空闲床位。基层首诊患者通过名医主刀平台可对接三甲医院医生，在有闲置床位资源的二甲医院或者民营医院进行手术治疗，缓解了三甲医院的就诊压力，实现了基层医院闲置的床位等医疗资源的高效使用。

共享经济有助于提升和充分实现个体价值。托夫勒在《第三次浪潮》中提出，“随着第三次浪潮的闯入，由它所带来的时间观念完全不同了。如果第二次浪潮把生活的步伐与机器结合在一起，那么第三次浪潮就要向这种与机器同步化的生活挑战，改变我们的生活基本节奏，并在这一改变过程中，把我们从机器的束缚中解放出来。总之，时间本身也非群体化了”。共享经济发展带来了更多的灵活就业机会，过去必须依赖企业等组织才能完成的商业行为，现在个体通过网络平台完全有可能独立完成。人们可以在越来越大的程度上自由掌握工作时间和空间、自由选择和转换职业追求。在传统雇佣模式下，个体的作用与价值体现需要得到组织的认可，共享经济发展在改变传统雇佣模式的同时，使得任何一个具有一技之长的个体都有可能借助共享平台直接为用户、为社会提供服务，个体的创造力和工作价值得到更充分的重视和放大。

知识点

共享经济通过改变资源的配置方式和人们的参与方式，为提高广大人民群众的生活质量创造了更多可能。

思考题

优质教师可以共享吗？

Q35 共享经济可能对 GDP 产生怎样的影响？

从理论层面看，共享经济的全面发展改变了许多行业原有的发展范式，正在推动构建一个全新的、运行效率和效益更高的经济体系，由此将撬动一个有着巨大发展潜力的长尾市场；并且使得经济价值与社会价值更加紧密和深度融合，因而其代表的是一种能够使经济活动释放出更大的社会价值的可持续的经济社会发展方式。从实证层面看，共享经济已经成为我国新的经济增长点，其对社会就业的促进作用也日益显著。共享经济对 GDP 的影响还体现在其对传统的 GDP 核算方法提出了挑战。

GDP 是指一个国家（或地区）在一定时期内生产的全部最终产品和服务的价值的总值。GDP 反映的是国民经济各部门的增加值的总额，是宏观经济中最受关注的经济统计数字，常被看作衡量国家（或地区）经济发展综合水平的一个重要指标，也是目前各个国家和地区常采用的衡量手段。另一方面，传统的核算方法决定了用 GDP 反映经济发展综合水平也存在很多局限性。例如：有一些不通过市场却能对人们生活产生重大影响的经济活动就不能通过 GDP 来反映，GDP 难以反映一个国家的产品和服务的结构，GDP 难以反映因技术的进步而降低产品和服务的市场价值， GDP 没有考虑经济发展给环境带来的污染和对资源的消耗等。也就是说，GDP 对经济发展中诸如经济增长方式及其为此所付出的代价、经济增长的效益和质量、社会财富的集聚和社会分配、社会公正等诸多方面的情况，都难以进行科学的衡量和反映。

共享经济发展对 GDP 会产生怎样的影响？关于这一问题目前尚存在一定争议。

从理论上看，有观点认为，共享经济发展对 GDP 增长没有贡献。持这种观点的人认为，共享经济在多数情况下都是轻资产模式，通过互联网平台对接碎片化的供需，提高了闲置资源的利用率，许多企业无须购置大量重型资产即可运营甚至赢利，因而其发展抑制了新增资本和重资产需求，而且也会减少对同类传统服务的需求。如随着在线短租的发展，游客对传统酒店和旅行社的需求可能会减少；共享汽车的发展可能会抑制人们对私家车的购买需求等。甚至还有观点认为，共享经济导致短期内社会服务总供给明显增加，大于社会消费总需求，可能造成市场恶性低价竞争，从而降低交易价格和整体市场规模，拉低 GDP 增长水平。

事实上，由于共享经济的服务提供者分布面广，个体参与者众多，在目前有关部门未将其经济贡献纳入统计范围的情况下，很难准确地判断其快速发展的贡献能否弥补其负面影响。但有一点是确定的，共享经济的全面发展改变了许多行业原有的发展范式，正在推动构建一个全新的、运行效率和效益更高的经济体系，由此将撬动一个有着巨大发展潜力的长尾市场；以低投入甚至是零投入，让分散化的闲置资源和优质资源产生更多价值，零边际成本的经济运行体系有望形成。

也有人认为，共享经济激发和调动了潜在消费，甚至创造了新的需求，会使得整体经济规模扩大，可以直接促进 GDP 增长。

更重要的是，共享经济发展使得经济价值与社会价值更加紧密和深度融合，如创造更多的就业机会、缓解生态环境承载压力等，其解决的恰恰是传统发展方式下一味追求 GDP 量的增长所造成的困境。所以，共享经济代表的是一种能够使经济活动释放出更大的社会价值的可持续的经济社会发展方式。

从实证层面看，共享经济已经成为我国新的经济增长点，其对社会就业的促进作用也日益显著。国家信息中心的研究报告显示，2017 年我国共享经济市场交易额达 4.9 万亿元，较上年增长约 47%。在 2017 年城镇每 100 个新增就业岗位中，就有 10 个是共享平台企业提供的。

共享经济快速发展对 GDP 的影响还体现在其对传统核算方法提出了挑战。

其一，新业态新模式的出现，产生了大量非货币交易，已经造成了规模漏统的问题。如许多互联网网站向居民提供大量的免费或者价格非常低廉的服务，这些网站主要是通过在线广告从企业获得收入，并不是从居民享受者那里获得收入，从而居民关于互联网服务的最终消费被忽略或者被严重低估。

其二，目前国家统计局公布的 GDP 主要是以生产法核算为主。而生产法需要通过企业法人和个体户的生产来进行统计，共享经济的发展使得人人都可以成为生产者，比如提供闲置的出租车、图书、住房、车位等，均提供了服务，参与者大多是居民个人，传统的统计调查方法很难完整采集到相应的数据，也就难以被统计到 GDP 之中。

其三，在现行 GDP 核算中，居民购买的日用品，包括新的、二手的，在购买时计入消费价格指数，在销售的时候以负值计入消费价格指数。这种处理方法没有反映出共享经济活动中一部分居民利用闲置用品对另一部分居民提供服务的情况，共享经济发展其实提高了居民的消费水平和福利，目前的核算方法没有反映出来。

知识点

共享经济对现行 GDP 核算体系提出了挑战。

思考题

买车的少了但用车的多了，对汽车产业会带来怎样的影响?

Q36 为什么共享经济需要新的经济统计监测体系？

发展共享经济是对经济效益和社会效益的全面提高，对其价值和贡献的衡量不应仅仅局限于经济总量，但现有的国民经济核算体系也不能完全反映共享经济对经济社会发展的作用。准确把握共享经济的发展情况需要构建一套与之相适应的指标体系，也需要有相关数据的支撑。

共享经济不仅是一种新的经济现象和经济形态，还是加速要素流动、实现供需高效匹配的新型资源配置方式，更是一种新的消费理念和发展观。共享经济的作用绝不仅仅局限于经济总量的增长，应从经济、社会、生态等多个角度构建共享经济的价值衡量体系。

发展共享经济是对经济效益和社会效益的全面提高，对其价值和贡献的衡量不应仅仅局限于经济总量，但现有的国民经济核算体系也不能完全反映共享经济对经济社会发展的作用。

一是缺乏与共享经济相适应的行业分类。现行的国民经济行业分类是与工业经济相匹配的统计分类办法，共享经济的发展打破了传统的产业划分标准，涉及多个产业的融合，组织边界、产业边界也日渐模糊，已经无法按照现行的行业分类进行统计。

二是缺乏一套标准的统计指标体系。虽然共享经济仍处于产业发展初期，但已经迅速渗透到多个领域，既有汽车、房屋、办公空间、衣服等实体物品的分享，也有知识、经验、技能等虚拟物品的分享。虽然平台企业拥有完整的交易数据，但由于行业差异性较大，统计口径多样，很难形成一套标准的统计指标体系，传统的数据收集和抽样办法也不能完全适应新业态的发展。

三是规模漏统问题。随着共享经济的快速发展，产生了大量非货币交易，给 GDP 核算带来了严峻挑战，已经造成了规模漏统的问题。如许多互联网网站向居民提供大量的免费或者价格非常低廉的服务，这些网站主要是通过在线广告从企业获得收入，并不是从居民享受者那里获得收入，从而居民关于互联网服务的最终消费被忽略或者被严重低估。互联网提供了大量免费服务现在是被忽略掉的。共享经济的发展对 GDP 核算如何划分消费品和投资品、对 GDP 核算如何处理居民关于闲置日用品交换等都带来了不小的挑战。

四是原有统计监测方法容易忽略共享经济对经济质量的提升。目前国内生产总值的核算方法尽管体现了共享经济某些方面的数据，但仍十分有限。由于 GDP 只测度去除通胀因素后的最终产品或劳务的市场价值，这就使得共享经济带来的闲置资源的充分利用、经济运行效率的提高、产业结构升级以及创新能力的提高都没有体现在 GDP 增长数据中。同时，用户通过分享而降低的消费成本及赚取的收入也不能有效得到反映。此外，共享经济中的交易数据也被排除在消费者价格指数之外，并不能反映真实的经济运行状态。

因此，准确把握共享经济的发展情况对监管部门的政策制定具有极为重要的意义，这就需要构建一套与之相适应的指标体系，也需要有相关数据的支撑。因此，构建共享经济发展的统计体系和价值衡量体系至少需要做好如下几个方面。

一是加强理论研究。重点围绕共享经济活动的边界、共享经济发展的社会财富效应、对社会就业总量和结构的影响、相关宏观制度设计以及衡量体系的构建等问题展开研究。

二是将共享经济纳入国民经济统计体系。明确共享经济统计口径，建立共享经济统计办法，加强对共享经济发展的统计调查力度。在现有的统计调查基础上，增加对个人参与共享经济活动的调查，如参与的活动类型、频次、节约的成本、获得的收入及其占家庭收入的比重等。

三是加强合作。推进统计监测部门与分享型平台企业对接，运用大数据、云计算等技术手段实现交易数据的实时统计监测。平台企业掌握了大量的用户个人信息和交易数据，对共享经济发展也有最直接的体会，加强与平台企业的合作有助于推动指标体系构建和数据采集工作。

知识点

共享经济的作用绝不仅仅局限于经济总量的增长。

思考题

为什么近几年 GDP 增速放缓就业总量却增加了？

Q37 为什么说共享经济实践对传统经济学理论提出了挑战？

当前人们对于共享经济的理解还更多的是来自现象观察和实践总结，系统科学的理论研究还比较缺乏。共享经济实践对传统的价格理论、资本定价理论、市场垄断等都提出了新的挑战和问题。共享经济发展的社会财富效应、对社会就业总量和结构的影响、相关宏观制度设计等，都是理论层面必须予以研究和回答的。

就经济学理论的产生与发展来看，经济学本就是实践的产物，迄今为止的经济学研究基本上就是建立在工业社会的基础上。无论是早先的政治经济学还是马歇尔之后简化了的经济学，无论是古典经济学、新古典经济学还是所谓的现代经济学，无论是芝加哥学派还是奥地利学派，其研究的基础和对象都是工业社会的经济发展，都是工业时代的经济学或简称为传统经济学。

现在人类已经进入了信息时代，正经历有史以来最大的实践变革。正如工业技术革命促成了工业社会到来一样，信息技术革命正推动人类进入信息社会。正如工业社会的主要经济形态是工业经济一样，信息社会的主要经济形态是数字经济。用工业经济理论解释和引导数字经济发展，自然就显得捉襟见肘、漏洞百出。经济学源于实践，用于实践。当已有经济学理论不能合理解释、有效指导经济实践时，就说明经济学需要重大突破了。

共享经济实践呈现出许多新特点，也对传统经济学理论提出了不少的挑战。共享经济平台企业可以用极低的成本快速聚合、匹配碎片化资源，并创造价值，使资源利用效率最大化。共享平台的存在，使得企业特别是小微企业,可以摆脱规模小的不利影响,面向全世界的消费者提供服务。平台向服务提供方和使用方的收费通常是不对称的，许多情况下消费者免费使用甚至可以因适用平台而得到补贴，而服务提供方需要支付相应成本，但也有相反的情形。在资本市场的支持下，许多共享经济企业可以在不赢利甚至亏损的情况下经营并扩大规模。

依托互联网平台，共享经济的发展改变了服务提供的方式，服务业全行业生产率显著提高，价格的形成机制也发生了明显变化。传统经济学理论框架下，效用、平均成本、边际成本、供求关系等因素决定了产品价格，价格会根据供求关系、围绕价值在一定范围内波动，并逐渐达到均衡价格；产品和服务的平均成本可以通过总投入和总产量进行计算。但在共享经济模式下，很多服务具有较高的固定成本，但其边际成本非常低甚至是趋近于零，市场和产品迭代、更新速度快，很多情况下传统的价格理论难以解释许多创新服务的现实。资本市场上对共享经济企业的定价与传统企业也明显不同，以至于许多处于亏损状态的共享经济企业仍能不断地吸引到融资，融资成本与可预见时间内的预期回报的联系并不十分紧密，传统的资本定价理论难以解释。

共享经济平台成为越来越重要的商业模式，在正网络外部性的作用下，领先的共享经济平台企业很容易占据高市场份额，形成“赢者通吃”的局面，但是否这就意味着他们就拥有了市场支配地位，并成为市场的垄断者？诸如此类的问题都存在很大争议。经济学家威廉·鲍莫尔（William Baumol）曾经提出过一个“可竞争市场理论”。在他看来，如果市场的进入门槛足够低，那么即使企业在市场上居于垄断地位，他们也必须时刻小心地应对潜在进入者的威胁，就是说市场上存在的很多因素都会对平台企业的力量形成制约，很难说这些占据巨大市场份额的企业拥有绝对的市场支配地位。那么，该如何界定和处理可能出现的垄断，也面临新的挑战。

总的来看，目前人们对于共享经济的理解还只是现象观察和实践总结，系统科学的理论研究还比较缺乏。如共享经济发展的社会财富效应、对社会就业总量和结构的影响、相关宏观制度设计等，都是理论层面必须予以研究和回答的。

经济学理论创新面临很大困难，毕竟信息革命仍在快速发展中，存在很大的不确定性。仅从互联网发展看，经历过以信息传播为特征的 Web 1.0 阶段、以信息交互为特征的 Web 2.0 阶段之后，目前正处于以移动互联网为特征的 Web 3.0 阶段，将来可能还会发展到以万物互联为特征的 Web 4.0 阶段乃至以全面智能化为特征的 Web 5.0 阶段。仅从现在看，信息革命对生产、交换、分配、消费的影响就已经如此巨大，以至于很多人都无法适应，未来又将如何，确实更加难以预测。

知识点

信息经济与工业经济大不相同，需要经济学理论的创新。

思考题

为什么共享经济理论总是滞后于实践？

Q38 共享经济如何更好地满足人们的个性化需求？

共享经济发展使得越来越多的人成为生产消费者（Prosumer）。消费者在共享经济中拥有更大的主动权。因此，共享经济的发展不仅增加了经济学意义上的消费者剩余价值，参与过程中还更多地增加了消费者的体验和情感上的价值。

共享经济的发展，使得市场从“大众化”走向“人人化”成为可能。“大众化”市场强调的是以标准化、规模化的方式满足市场上的共性需求。“人人化”的市场就是以个人为中心，强调的是每个人的需求和个性化，任何一个个体都是一个潜在的可供开发的市场。

从服务的供给方看，借助于网络平台，越来越多的个体而非传统意义上的企业参与到共享经济中，这些个体可以充分结合自身拥有的特色资源来提供个性化服务。因此我们看到，通过住房共享，外出旅行的人就可以不再选择千篇一律的酒店服务，而根据自己的喜好选择各具特色的装修风格和食宿服务。

共享经济发展在很大程度上改变了过去“企业生产、用户消费”的产消分离的产业模式，用户越来越多地参与到生产过程中，人人都可以既是生产者也是消费者，即“产消合一”，越来越多的人成为生产消费者，不再完全被动地接受企业生产的产品和提供的信息服务。借助于共享平台，消费者可以以接近于零的边际成本来分享自己所拥有的资源和信息，从而成为服务提供方；同时也可以作为服务享受方，与服务提供方展开密切互动，参与到一些定制化产品和服务的提供活动中，从被动消费走向主动产消，个性化的需求可以得到最大限度的满足。某种程度上说，消费者在共享经济中拥有更大的主动权。因此，共享经济的发展不仅增加了经济学意义上的消费者剩余价值，参与过程中还更多地增加了消费者的体验和情感上的价值。

比如在住宿方面，爱彼迎等平台向游客提供更为多元、个性的住宿选择。爱彼迎新推出的体验（Experience）项目将体验达人的生活和出游经验转化为旅行体验产品，让游客参与到个性化、非传统的旅游项目中。有 52% 的爱彼迎房东表示住房分享对他们与社区的交流方式产生了积极的影响，有 83% 的房客希望在旅游过程中可以像当地人那样生活。分享住宿已成为中国出境游客的主要住宿选择。45% 的受访者表示曾居住过境外的民宿、家庭旅馆或度假租赁房屋等。

正如罗宾·蔡斯所说："在共享经济时代，所有资产都是开放的，所有人是连接在一起的，每个消费者可以集合最优秀的产品、资源、数据、平台，从而完成和满足自己的个性化需求，这是工业化标准产品所无法满足的。"这样的模式下消费者体验价值是最好的，消费者福利是最高的，而且消费过程及流程的简化也会为消费者带来更好的体验。

知识点

共享经济整合了大量个性化的产品和服务，可以更好地满足个性化需求。

思考题

互联网在实现个性化需求方面的作用如何？

第五章

有钱就能玩转共享经济吗

Q39 共享经济真的是资本“烧钱”游戏吗？

Q40 如何看待资本的作用？

Q41 为什么共享经济创业者大都是年轻人？

Q42 为什么说没有大数据就没有共享经济？

Q43 信用对共享经济发展起到什么作用？

Q44 如何解决共享经济发展中出现的信用失灵问题？

Q45 “放管服”改革是否有利于共享经济发展？

Q46 如何深化共享经济“放管服”改革？

Q39 共享经济真的是资本“烧钱”游戏吗？

“烧钱”不是问题，多数互联网企业起初发展都经历过烧钱阶段，问题关键在于能否找到可持续的发展模式。依靠大量投入来培养用户习惯、吸引用户流量后，共享经济企业仍然要回归理性思考：如何挖掘真实的用户痛点和市场需求、如何平衡好投资和收益的关系、如何构建可持续的商业模式，这才是所有企业需要且必须找到答案的核心问题。

近两年，共享经济创业企业成为全球资本市场的投资热点。根据Crowd Companies的统计，2010年美国只有不到20家机构投资共享经济，而截至2015年4月底已增加到198个。不仅如此，投融资金额也在快速上升。2010—2013年，全球流向共享经济企业的投资额累计达43亿美元，2014年和2015年两年的投资额分别为85亿美元和142.06亿美元（合计227亿美元），两年内流入的风险资本规模增长了5倍多。在中国，与近两年互联网行业投融资相对趋冷的大环境不同，共享经济企业的融资规模继续保持扩张。2016年共享经济融资规模约为1710亿元，同比增长130%；2017年中国共享经济融资规模达到2160亿元。

从前两年网约车行业的激烈竞争，到近期流行且备受争议的“花样分享”，其背后都有着巨大的推手——资本。滴滴和快的在经历激烈的“补贴战”后合并，共同对付新的对手优步，然后在资本的助力下继续大打“补贴战”，最后还是走向合并。这种资本运作的模式甚至被不少人称为互联网资本市场的一个“铁律”。

2015 年普华永道的一份财务报告显示，作为占据中国本土打车软件市场最大份额的公司，滴滴快的公司的净亏损已经达到了收入的 3 倍还多。相关财务数据显示，2015 年前 5 个月，滴滴亏损为 3.05 亿美元，快的亏损 2.66 亿美元。滴滴打车和快的打车在 2016 年 2 月合并成为滴滴快的公司。当时有外媒称，为争夺中国市场，滴滴快的和优步两大打车软件公司每年要拿出超过 10 亿美元（约合 64 亿元人民币），用来吸引司机和乘客。

在共享单车领域，2016 年共发生 24 起融资事件，2017 年上半年再度发生 22 起融资事件，其成为共享经济领域内融资事件数最多的细分领域，融资额达 104.33 亿元。

在共享篮球领域，2016 年 12 月，猪了个球、一元体育、敢拍共享篮球、891 共享篮球等开始陆续推出共享篮球服务，虽然外界对其质疑声不断，“猪了个球”也获得超过千万元融资。

在共享充电宝领域，据不完全数据统计，2017 年上半年，约 35 家机构在 40 天里提供了 11 笔融资，总金额超过 12 亿元。共享雨伞领域，已出现了魔力伞、OTO、E 伞、春笋雨伞、漂流伞等十几家企业。5 月初魔力伞宣布获得天使轮融资，春笋雨伞也于 2017 年 5 月获得了一笔 500 万元融资。共享 E 伞获得天使轮 1000 万元投资，JJ 雨伞获得天使轮数百万元投资，漂流伞获得 500 万元天使轮融资。

于是很多人说，共享经济是只有资本能玩得起的“烧钱”游戏。资本的大量投入才有了共享经济企业的发展，果真如此吗?

互联网是一个赢家通吃的市场，互联网经济至今仍然是流量经济，资本的逐利性决定了对于任何可能新出现的流量，资本巨头们都不会无视。尤其是在一些进入门槛相对较低的共享经济领域，为了迅速占领市场和吸引用户流量，“烧钱补贴”成为资本竞争的重要利器甚至是唯一利器。

“烧钱”并不是必然的现象。有些模式较为清晰的企业在发展初期并没有大量资本进入,而是因为它们找到了真正的市场需求和用户痛点，才发展起来，并呈现出巨大的发展潜力，让人们看到了它们有更好的发展前途，钱才会涌进来，资本才开始追捧。

“烧钱”也不是问题。多数互联网企业起初发展都经历过“烧钱”阶段，问题关键在于能否找到可持续的发展模式。正如阿鲁·萨丹拉彻所言，共享经济产品是否成立取决于两个维度：产品有多少价值（成本）和所有者对该产品的集中使用程度（使用频率）。

依赖于资本大量补贴、集中于低端价格战的竞争，永远只是暂时之计。依靠大量投入来培养用户习惯、吸引用户流量后，共享经济企业仍然要回归理性思考：如何挖掘真实的用户痛点和市场需求、如何平衡好投资和收益的关系、如何构建可持续的商业模式，这才是所有企业需要且必须找到答案的核心问题。否则必将很快被市场和资本抛弃。

知识点

"烧钱"不是共享经济发展的必然要求。

思考题

是因为资本"烧钱"共享经济才发展起来，还是因为共享经济有价值才会有资本大量涌入?

Q40 如何看待资本的作用?

纵观经济发展史，大量资本进入任何一个行业，都会冲击行业原有发展态势，也会影响到经济社会发展的相关领域，这是正常现象。对于资本支撑的共享经济领域竞争带来的"负外部性"等影响，需要客观全面地认识和应对。如何用好资本的力量服务于企业发展战略，是每一位创业者需要认真思考的；如何发挥好资本对于新兴产业的作用，也是产业政策制定者需要认真研究的。

毫无疑问，近几年来资本对于共享经济这一新业态表现出了极大的热情。

国家信息中心发布的《中国共享经济发展年度报告（2018）》显示，2017 年共享经济融资规模约为 2160 亿元，比上年增长 25.7%。其中，交通出行、生活服务和知识技能领域共享经济的融资规模位居前三，分别为 1072 亿元、512 亿元和 266 亿元，同比分别增长 53.2%、57.5% 和 33.8%。在 2017 年全球规模最大的 10 笔风险投资中，有 5 笔投向中国企业。其中单笔规模最大的是滴滴出行 55 亿美元的融资。

每一个创新行业，从无到有，从探索起步到发展壮大，都会有资本参与其中，都会经历市场洗牌。而在近几年共享经济的发展中，对于资本的作用却褒贬不一，甚至产生了很大的争议。资本是导致共享经济如此火热的重要因素、没有资本的热捧共享经济不会发展起来、资本“绑架”了某某共享经济企业、资本正在“捧杀”共享经济、资本吹大了共享经济泡沫……各种观点甚嚣尘上。2017 年共享经济领域出现大量倒闭企业，资本被列为主要的倒闭原因之一，甚至有人总结为“成也资本、败也资本”，资本对共享经济发展的影响由此可见一斑。到底该如何看待资本对共享经济发展的作用？

首先，资本降低了共享经济创业门槛，具有助推器和加速器的作用。资本的进入，使得那些具有市场前景的好创意者，不必投入个人或家庭资源即可进行尝试和试错。更重要的是，共享经济是一种新业态、新模式。从用户的角度看，往往都是被动接受新鲜事物，并逐步形成习惯。从企业和行业发展看，需要有一个用户习惯培养的过程或者说是市场教育过程。在不同领域共享经济企业发展的初期，都会采取诸如优惠低价甚至补贴的方式吸引用户“尝鲜”。在这个阶段，通常具有较强资本支持的企业会赢得先机。从这个角度说，资本对于共享经济新业态发展的作用功不可没。但是，这并不意味着资本进入是“因”，共享经济发展是“果”，而是因为某个领域的共享经济模式呈现出很好的市场前景，对资本产生了强大的吸引力。所以，市场上会出现发展势头好的企业成为众多资本追逐的对象。

其次，由于网络平台效应、流量效应等因素的影响，共享经济企业之间围绕用户的竞争尤为激烈。这种情况并不只发生在起步阶段，根据市场竞争形势的变化，随时都可能出现依赖大量资本投入进行竞争的情况。随着竞争的白热化，关于“烧钱”“浪费”“冲击其他业态”等的争议就越来越多了，认为资本的逐利性使得它对企业甚至行业发展产生了破坏性。事实上，“逐利”是资本的本性，正是这种特性的存在，使得资本愿意进入它认为有发展前景、有利可图的领域，而这恰恰是推动经济发展的重要力量。哪种模式最有效，市场最终会给出答案，资本的市场嗅觉无疑是最灵敏的。

纵观经济发展史，大量资本进入任何一个行业，都会冲击行业原有发展态势，也会影响到经济社会发展的相关领域，这是正常现象。对于资本支撑的共享经济领域竞争带来的“负外部性”等影响，需要客观全面地认识和应对。如何用好资本的力量服务于企业发展战略，这才是每一位创业者认真思考的；如何发挥好资本对于新兴产业的作用，也是产业政策制定者需要认真研究的。

知识点

资本对共享经济快速发展起到了助推作用。

思考题

资本大量涌入带来的浪费能否避免？

Q41 为什么共享经济创业者大都是年轻人？

共享经济领域年轻人创业现象越来越多。一是共享经济领域创业门槛较低，二是年轻人更了解年轻人的体验和需求，三是年轻人具有更强的创新精神和学习能力。

纵观互联网普及以来的经济发展和创业圈，年轻人创造出“爆款”应用从而走上人生和事业巅峰，这样的现象和事例越来越多。互联网创业甚至成为很多年轻人的梦想。

而在近几年新兴的共享经济领域，创业者年轻化的态势更加明显，越来越多“90 后”甚至“95 后”的创业者成为共享经济领域的弄潮儿。共享单车企业 ofo 成立时，戴威还是一名在青海支教的北大学生。2014 年 2 月 15 日，爱好骑行的戴威在宿舍里完成了 ofo 域名的注册，他觉得 ofo 看着很像一辆自行车，想让全世界都知道 ofo 是跟自行车有关的。那个时候或许他和他的团队没有人会想到，仅仅两年后，他们的 5 人车队就迅速发展成为超过 2000 人的团队，成为行业里的领军者，吸引众多资本竞相追逐，其发展速度甚至超过当年的滴滴。医疗共享企业名医主刀成立于 2014 年，彼时其创始人苏舒 27 岁，被福布斯评为“30 位 30 岁以下亚洲年轻领袖”之一。

其实我们身边还有大量的投身共享经济的年轻创业者，或许其当前的影响力一般，但无疑都是推动我国共享经济创新发展的重要力量。共享经济创业门槛相对较低、年轻人更易于接受新模式和更了解年轻人这一新兴市场需求等诸多因素的影响，使得大量的年轻人参与共享经济创业。

一是共享经济领域创业门槛相对较低。在共享经济模式下，用来满足客户需求的大量资源并不需要创业者投入巨额资金购买，这与一些传统行业完全不同。甚至在制造业领域，共享经济的发展使得创业门槛也在明显降低。沈阳机床企业内部员工提出“安全创业”模式，由公司对接市场，提供场地、原材料和设备维护服务，创业团队可以实现“拎包入驻”。另一方面，创业门槛低还体现在资本市场对于共享经济的前景看好和大力支持。只要具有好的创意、对用户和用户需求有很好的了解，就容易赢得资本市场的青睐，从而帮助你通过网络来整合资源，通过不断满足用户需求来快速扩张市场和积累客户群，从而形成有效的商业模式。

二是年轻人对网络经济更熟悉，也更了解年轻人的体验和需求。“90后”“00后”正在成为互联网尤其是移动互联网用户的核心群体，甚至“10后”都会用作业帮查作业、会使用滴滴打车。他们是互联网的“原住民”，互联网已经完全渗透至其日常生活、工作和学习的所有场景。年轻人对于年轻人的消费需求和心理需求把握更准。2017年3月，美国科技公司SnapChat上市，股价大涨，创始人埃文·斯皮格尔（Evan Spiegel）的身价高达几十亿美元，取代扎克伯格成为最年轻的亿万富翁。SnapChat被Facebook视作最大竞争对手之一，这是一款为年轻人而打造的应用，阅后即焚功能，在年轻人中很受欢迎。

三是年轻人具有更强的创新精神和学习能力。共享经济领域一切都是新的，老经验的“加成”效果并不明显，年轻人和老一辈创业者几乎是站在同一起跑线。同时年轻人有冲劲，比较能接受新事物，耐得住高强度工作，这是年轻人最大的优势。尽管年轻人的社会阅历浅，但这也使得他们的思维更加活跃，“本应该就是这样”的定式思维少，年轻的创业者们常常能提出许多新鲜的观点和看法，富有创意甚至十分具有开创性。尤其是共享经济领域，中国创新崛起，与以往简单模仿国外模式不同，要么是本土创新，要么是比国外更先一步，需要更强的创新精神和能力，在这方面年轻人优势明显。

知识点

创业门槛低、熟悉互联网、学习能力强，有利于年轻人参与共享经济创业。

思考题

老年人参与共享经济创业是否也有自身优势？

Q42 为什么说没有大数据就没有共享经济？

互联网尤其是移动互联网、大数据等现代信息技术，是实现供需匹配、动态定价等交易规则的制定、交易过程的安全与信用保障等不可或缺的重要支撑。人类借助互联网技术的开放、分享及协作的特质，正经历一个乐于创造和共享的年代。

如同蒸汽机技术引发了第一次产业革命、电力技术引发了第二次产业革命一样，以互联网技术为代表的信息技术正是第三次产业革命的主要推动力。正如克莱·舍基（Clay Shirky）所言：人类借助互联网技术的开放、分享及协作的特质，正经历一个乐于创造和分享的年代……我们将看到一个人人参与的新时代，并将引爆巨大的产业革命和社会变革。

共享的理念和实践自古有之，但毕竟是偶然的、低频次的，没有形成规模，更无法造就“经济”。互联网技术的应用扩大了共享的内容范围，也保证了陌生人之间的交易安全，形成完整的经济生态模式。如在出行领域，在1998年的时候就已经有人提出“顺风车”出行的设想，但是那个时候没有发展起来，最主要的原因是没有数据的支撑，司机与乘客之间无法实现高效率精准匹配。现在有了大数据支撑，这些问题也就迎刃而解。

互联网尤其是移动互联网、大数据等现代信息技术是实现供需匹配、动态定价等交易规则的制定、交易过程的安全与信用保障等不可或缺的重要支撑。

整合资源与供需匹配。在共享经济活动中，要对数量庞大的需求方和供给方进行配对、撮合，就需要一个强有力的中介，这个中介就是功能强大的网络平台。在运营过程中，平台利用大数据技术、基于位置的服务等技术手段迅速准确地实现供需双方的匹配。

滴滴出行平台拥有超过4.5亿用户，在中国400多个城市开展服务，每天的订单量高达3000万单，相当于全球其他市场所有移动出行市场总量的2倍以上，每天要处理数据4500TB，相当于450多万部蓝光电影。在北京，工作日早高峰一分钟内有超过1600人使用滴滴叫车，所有的供需一目了然。

大数据驱动着共享经济活动中几乎所有的应用和产品创新，需求预测是其中重要一项。

滴滴出行平台上拥有横跨中国一线到四线400个代表性城市的数据，24小时驱动着人工智能进化。目前滴滴已经做到基本可以预测一个地区甚至一座楼15分钟后进进出出的动态供需，精准度可以达到90%。基于大数据的智能预测与匹配的精度，决定了真实用户体验的精度。滴滴在全球业内率先超越简单的随机匹配算法，采取真正的个性化、定制化的智能匹配，找到适合司机需求的订单。

在共享单车领域，2017年9月，ofo发布基于NB-IOT和NFC的新款智能锁，推出了奇点大数据平台。摩拜在运营过程中借助“魔方”平台，能够对过去任意时间节点、任意地点的共享单车骑行状态进行历史轨迹的分析，同时整合地域、时间、天气、运力、车型、人群及其他数百个变量因子，预测未来任意时间、任意地点的共享单车骑行状态并进行优化调配，从而提升运营效率。

共享经济活动中交易规则的形成，如动态定价、交易双方的权责、反馈与评价机制、激励与惩戒措施等都离不开技术的支撑。借助于大数据等技术手段，共享经济平台为交易双方提供了灵活定价的可能性：当需求大于供给时，算法会自动提高价格从而减少需求并激励增加供给，反之亦然，从而最大限度地使供需达到新的动态平衡。借助于技术支撑，共享经济平台还可以建立起供需双向评价机制，从而对交易各方产生约束作用，产品或服务提供方必须努力做到最优以获得好评并得到更多需求；需求方也会更加注重自己的诚信行为积累。双向评价机制还有助于解决信息不对称问题，为其他服务供给方和需求方的匹配提供重要依据。

大数据征信是治理和规范共享经济中的失信行为的重要措施。在共享经济快速发展的同时，市场上也出现了很多第三方大数据征信机构，帮助共享经济平台防范信用风险。如芝麻信用为共享单车等多家企业提供个人征信服务，同时也帮助企业进行反欺诈、信用风险识别等服务。

知识点

大数据是实现资源供需快速精准匹配的前提和保障。

思考题

网约车服务都使用了哪些大数据？

Q43 信用对共享经济发展起到什么作用？

信用体系建设有助于参与者做出初始的信任判断，提升人们参与共享经济的体验、效率和积极性，有助于减少和化解纠纷。

共享经济作为新一轮技术革命催生的新业态、新模式，陌生人之间通过在线方式完成“缺场”交易，是其显著特征之一。因此，信任是共享经济发展的重要前提和内在需求。

从历史的视角看，随着经济和社会技术的发展，社会信任也经历了不同的发展阶段，如农耕时代熟人之间的习俗型信任关系、工业时代陌生人之间的契约型信任关系，到了信息时代则是复杂的系统型信任关系。这种系统型信任不仅来自机构、组织或制度安排，也可能来自技术及其创新应用。

信用对共享经济发展的作用，首先体现在它有助于参与者做出初始的信任判断。信用，简单说就是长时间积累的信任和诚信度。社会活动主体由于长期的、多次在交易行为中的守信行为得到社会普遍认可和肯定所带来的、值得其他人信任的声誉的积累，实践中影响信用的还有诸如个人具备的能力及其具备的其他条件等多方面因素。信用度高的人更容易获得对方的信任。

其次，信用正在代替押金提升共享经济体验和效率，大大激发了人们参与共享经济活动的积极性。截至 2017 年 4 月，芝麻信用平台为用户提供免押金额合计超过 313.8 亿元；其中，共享单车行业累计 24.6 亿元，享受免押金服务用户总数约为 1638 万。信用免押金服务改变了原有商业模式里用押金解决信任问题的思路，既降低了公众参与共享经济活动的成本，也降低了沉淀押金的潜在金融风险。对芝麻信用平台数据挖掘分析结果显示，2017 年 4 月通过调用“信用分”参与共享经济活动用户数比 2016 年 1 月增长了 3.7 倍，月均增速 12.7%。尤其是 2017 年 3 月共享单车大量接入“信用免押金”服务，日活跃用户增长 8 倍多。

最后，“信用免押金”模式有助于减少用户的违约行为。芝麻信用与永安共享单车的合作实践表明，2015 年初到 2017 年 5 月，通过骑行免押金服务用户总数超过 1900 万，其中违约用户数不足 50 例，相当于两百万分之一。酒店行业引入信用服务，实行免押金、免查房、后付费的创新模式，两年来已有 1000 万人次体验“信用住”，3 天未付款的逾期率从上线初的 3.6% 降到目前的 0.86%。在传统汽车租赁行业，租车商户要求用户交纳 8000 元左右的押金，现在国内多个主流租车公司共有超过 10 万辆汽车支持免押金租车。芝麻信用平台有关数据显示，相比押金客户，免押客户租金欠款率低 52%，违章罚款欠款率低 27%，丢车率低 46%。以一嗨租车为例，引入信用分实行免押租车后，丢车率为 1.8 ‱，而此前的传统模式下，这一比例是 3.1 ‱。

从实践层面看，当前共享经济发展中已经出现了押金风险、治理不力等问题，引起社会各界普遍关注，尤其需要引入信用机制帮助防范和解决。

一是用户押金风险凸显，亟须引进信用免押金机制。2017 年 11 月，共享单车服务商酷骑（北京）科技有限公司正式宣布倒闭，用户押金近 30 亿元无法退还，涉及民众过百万。除酷骑外，悟空单车、町町单车和小蓝单车也陆续倒闭，其中小蓝单车、酷骑的市场份额均位列前六，反映出共享单车行业的高度不稳定性。共享单车是共享经济的典型代表，其出现的押金问题也是共享经济的共性问题。尽快引入信用免押金等创新机制，是分享平台防范化解风险的重要途径。

二是共享经济治理挑战加大，亟须引进信用奖惩机制。据不完全统计，截至 2017 年 9 月，全国累计投放共享单车超 1600 万辆，用户超过 1 亿人。但出于单车停放点不足、短期内的大量投放，以及用户自觉有序停放意识薄弱等原因，单车乱停乱放随处可见，严重影响市容市貌，甚至阻碍交通，引发潜在风险。共享房屋领域也存在欺诈、失信、无序等乱象，损害民众利益，对社会治理形成了新的挑战。传统的协议约定、押金预付等管理方式已难以有效解决上述问题，亟须引进信用奖惩机制。

知识点

信用是共享经济发展的重要前提和内在需求。

思考题

共享经济对信用体系建设有哪些促进作用？

Q44 如何解决共享经济发展中出现的信用失灵问题？

以共享经济为代表的新业态的发展，既对社会信用体系建设提出了新的更高的需求，同时也将为信用体系建设提供重要的数据、技术等支撑。通过完善社会信用体系促进共享经济发展，需要大力推进公共数据开放，尤其是信用数据的开放。同时，要充分利用分享平台的信用信息补充和完善社会征信数据体系。

完善的信用体系已成共享经济进一步发展的关键。从我国实践看，随着共享经济向各领域的快速渗透，对用户及平台企业的信用质疑越来越成为人们关注的焦点。近几年，国务院陆续出台《社会信用体系建设规划纲要》等文件，积极推进多层次信用体系建设，成效明显。但总体上看，我国信用环境仍不成熟，社会信用体系仍存在诸多亟须解决的问题，信用体系不完善已成为制约我国共享经济发展壮大的突出瓶颈。在共享经济发展中，信用体系建设面临诸多难题。政府数据尤其是权威的信用数据开放不够，民间征信机构积极尝试但政府参与程度较低，导致信用的权威性、完整性不足。大多数共享经济平台都反映，民间征信机构的信用评分等是其目前最主要的信用依据，相关政府部门的权威信用并未真正介入，信用判断还比较单一，且不够权威。中国人民银行早在数年前就开发了央行信用评分，但只提供给银行使用，一直未对消费者开放。

线上线下信用信息脱节问题也较为突出。如在使用网约车、短租平台上都出现过“信用登记为一人，实际入住、驾车的却是另一人”的情况。在电商、餐饮等平台上的用户评价也是消费者判断商户信用的重要依据，但许多平台普遍存在“刷单”等现象却让这一信用信息的实用性大打折扣。

国家发展改革委副主任连维良曾指出：“哪里有需要，信用建设就应该延伸到哪里。”要通过加强共享单车公司与“信用中国”网站以及征信机构的信用信息共享，构建以信用为核心的规范发展体系，保障新型业态的持续健康发展。

通过完善社会信用体系促进共享经济发展，首先，要大力推进公共数据开放，尤其是信用数据的开放。数据只有用起来才有价值，未盘活的政府数据对社会发展的作用不大。公共数据向社会开放和深化利用已经成为“互联网 +”时代构建新型政府治理模式的基础性支撑。大力推动公共数据开放和基础数据资源共享，鼓励社会对开放数据进行再利用，有助于激发全社会创新创业的活力。就共享经济而言，推动公共信用数据的有序开放，有助于大幅降低平台企业内部治理所产生的交易成本。公共信用数据开放，关键是将数据所有权和使用权分离，政府拥有数据所有权，平台企业和信用服务机构按自身和社会需要对数据进行深度加工和应用。

其次，要不断建立和完善政府、分享平台、信用服务机构之间的数据开放共享机制，充分利用分享平台的信用信息补充和完善社会征信数据体系。明确相关信息数据采集格式，建立开放共享标准和可操作流程。包括明确数据结构目录和使用方式、信用机构接入的资质要求、数据脱敏处理要求、数据适用范围和数据接入操作程序等，规范信用服务机构对数据的使用，降低信用评价的成本，保护数据安全和用户隐私。要建立起各行各业信用信息互联互通和交换共享的网络平台，促进各类社会主体的信用状况公开透明、可查可核，实现多部门、跨地域、跨领域信息联享、信用联评、守信联奖、失信联惩的共享机制。积极培育和发展专业化信用服务机构，将共享经济交易中的诚信者和欺诈者纳入信用体系建设目录中。

2017年5月18日，国家信息中心与摩拜、ofo等10家主要共享单车企业签署信用信息共享协议，通过加强信用信息共享、建立守信联合激励和失信联合惩戒机制，对严重违法失信者，限制使用共享单车，对信用状况良好的人，可以优先使用或者提供免押金等便利服务，从而构建起以信用为核心的共享单车规范发展体系。这次信用体系改革，最大的变化是把10家共享单车企业的个人信用数据进行了共享，通过共享协议建立更加广泛的守信激励和失信惩戒社会机制，这是中国个人信用体系商业化的一次重大突破。这不仅标志着共享单车市场进入一个新的发展阶段，其价值所及，远不止共享单车市场，个人信用体系对各个“互

联网 +”领域的创新，都将产生巨大的积极作用。

共享单车的信用评估也被纳入市民的征信体系。比如南京市交警与八家共享单车平台建立信息共享“黑名单”机制，实现相关信息互通、定期交换，扣除违法用户的信用分，增加骑行成本。另外，违规严重者在新车上牌、考驾照等方面都将受到影响。

以共享经济为代表的新业态的发展，既为社会信用体系建设提出了新的更高的需求，同时也将为信用体系建设提供重要的数据、技术等支撑。可以预期，未来几年我国共享经济发展与国家信用体系建设都将进入快速发展阶段。应按照政府主导、市场充分参与的原则，通过创新技术和管理手段，积极推进社会信用体系建设，努力实现我国社会信用建设和共享经济能同步发展、相互促进。

知识点

公共数据开放是建立信用体系的重要一环。

思考题

共享经济平台掌握的哪些数据有利于完善社会信用体系建设？

Q45 “放管服”改革是否有利于共享经济发展?

随着“放管服”改革的深化，我国整体营商环境不断改善，成为共享经济快速发展的有力“催化剂”；“放管服”改革为新产业提供了在试错中探索和创新的可能。“放管服”改革也是加快构建适应共享经济新业态新模式发展需要的新型治理体系的必然要求。

我国《2016年推进简政放权放管结合优化服务改革工作要点》提出，要“持续简政放权，进一步激发市场活力和社会创造力”；“加强监管创新，促进社会公平正义”；“优化政府服务，提高办事效率”。尤其是在监管创新部分，针对共享经济新业态明确提出要“探索审慎监管”。

“放管服”改革的重要目的就是使市场在资源配置中起决定性作用和更好发挥政府作用，破除制约企业发展的体制机制障碍，着力降低制度性交易成本。这些对于近几年出现并快速发展的共享经济而言，有着尤其重要的意义。

我国整体营商环境不断改善，成为共享经济快速发展的有力“催化剂”。据不完全统计，在简政放权方面，2013年以来，国务院分9批审议通过取消和下放行政审批事项共618项，其中取消491项、下放127项，取消下放行政审批事项三分之一以上，提前超额完成承诺的目标任务。地方上，多数省份行政审批事项减少了50%~70%。商事制度改革方面，工商登记前置审批精简了85%，资质资格认定事项压减了44%。与此同时，严格新设审批事项，切实防止审批事项边减边增、明减暗增。非行政许可审批彻底终结。国务院分六批取消319项职业资格许可和认定事项、五次取消和下放管理层级的评比达标表彰项目99项，一批影响市场主体创新创业的资格认定彻底清除，各类职业资格管理更加规范，更加有利于促进“大众创业、万众创新”。

“放管服”改革为新产业提供了在试错中探索和创新的可能。当前共享经济总体上处于起步期，产业发展需要在试错中走向成熟。尽管总体上说近两年我国共享经济领域的创新创业非常活跃，发展速度快，但当前多数领域都处于探索阶段和发展初期。一方面，发展前景存在不确定性，产业发展尚不成熟，其服务和产品的安全性、标准化、质量保障体系、用户数据保护等方面仍存在诸多不足，甚至暴露出不少问题。另一方面，诸如服务与安全标准等的制定又需要以大量的实践为基础，需要在实践中逐步迭代和完善。相对于其他领域而言，共享经济尤其需要来自全社会的宽容和耐心，允许其在不断试错中长大、成熟。

“放管服”改革是加快构建适应共享经济新业态、新模式发展需要的新型治理体系的必然要求。以网络平台为关键技术支撑的共享经济具有突出的跨领域、跨行业特征，对优化政府管理与服务流程提出了新的需求。当前占主导地位的经济社会管理制度是建立在工业经济和工业化大生产基础上的，强调集权、层级管理、区域与条块分割等管理方式，注重事前审批和准入。而共享经济具有典型的网络化、跨区域、跨行业等特征，快速发展的实践使得许多制度变得越来越不适应，有些创新实践则面临不合理的制度要求，迫切需要进一步深化改革。

知识点

"放管服"改革可以为共享经济创新创造更宽松的政策环境。

思考题

哪些领域的共享经济发展更需要加快"放管服"改革？

Q46 如何深化共享经济"放管服"改革？

全面深化"放管服"改革，加快推进以共享经济为代表的新业态的发展，就要充分认识共享经济领域"放管服"改革的重要性和紧迫性。加强对改革的经验总结与督查落实工作。大力推进"互联网＋政务"服务。充分发挥平台企业、非政府社会组织、公众评价等在加强和完善治理方面的作用，建立多方协同的治理机制。

全面深化"放管服"改革，加快推进以共享经济为代表的新业态的发展，需要以新的发展理念为指导，牢牢抓住转变政府职能这个"牛鼻子"，充分发挥移动互联网、大数据等新技术的支撑作用，大力推进"互联网＋政务"服务，进一步优化政府管理与服务流程，促进制度创新与技术创新的融合互动，不断提高行政效能，营造包容创新支持发展的良好制度环境。

充分认识共享经济领域"放管服"改革的重要性和紧迫性。一方面，当前共享经济已经成为我国经济中最具活力、创新最为活跃的领域，有望成为未来经济新动能的重要来源，共享经济发展受挫也必将使整体经济发展受挫、公众利益受损。另一方面，共享经济新业态正在集聚形成一种新的有别于工业时代的生产力，在传统的工业生产力基础上形成的生产关系越来越难以适应新生产力的发展要求。因此，从政府的角度看，必须创新理念，探索新的治理之道。对于现阶段共享经济发展中出现的问题，不应因噎废食，而是要认真思考新业态发展过程中政府的角色定位和管理转型问题。通过深化改革营造公平便利的市场环境，降低制度性交易成本，并推动“双创”和新业态新模式快速发展。

加强对“放管服”改革的经验总结与督查落实工作。在推进“放管服”改革和发展共享经济新业态方面，许多地区都在认真落实国家有关政策措施的同时，结合自身实际探索出新的模式和路子，需要认真总结改革成效，发现典型经验。同时，对不符合“放管服”精神的政策措施进行督查评估，深入查找存在的问题，听取地方部门和公众关于深化改革的意见和建议，及时纠正。

大力推进“互联网 + 政务”服务。近年来越来越多的基于移动互联网的民生类政府服务应用的推出，大大方便了公众生活，也意味着“互联网 + 政务”服务在我国全面落地的技术条件、用户基础已经具备。在深化“放管服”改革中，需要进一步拓展“互联网 + 政务”服务的深度和广度，努力建设政务服务“一张网”。切实推进网上审批、并联审批，打通部门间的“信息孤岛”，优化政府管理与服务流程。大力推行网上办事，明确电子证照同纸质证件具有同等法律效力。能通过网络共享复用的材料，能够通过网络核验的信息，能够实现网上办理的事项，全部通过线上方式实现。把“互联网+政务”服务的落实情况纳入政府绩效考核。充分利用大数据等技术手段，助力领导决策，创新政府为群众服务模式。

充分发挥平台企业、非政府社会组织、公众评价等在加强和完善治理方面的作用，建立多方协同的治理机制。新业态新模式的快速发展，既对政府治理创新产生了显著的“倒逼”效应，也为构建多方参与的协同治理模式提供了经验积累、技术与数据支撑。一方面，要明确平台企业的治理主体地位及功能与责任。在协同治理模式下，政府重点监管平台，平台作为治理主体重点监管参与其中的个体。企业内生性治理将成为社会协同治理的重要组成部分，并发挥日益重要的作用。如共享经济平台在发展过程中形成的准入制度、交易规则、质量与安全保障、风险控制、信用评价机制等自律监管体系，既保障了自身的可持续发展，也成为协同监管的重要补充。企业发展过程中形成的大数据可以为政府加强事中事后监管提供重要依据。另一方面，在新业态发展过程中，产业联盟、行业协会可以在加强产业间联系与协作、推进信息分享和标准化建设等方面发挥重要作用。

知识点

共享经济迫切需要全面深化“放管服”改革，也会对后者产生“倒逼”效应。

思考题

现有制度安排中有哪些因素不利于共享经济发展?

第六章

共享经济需要什么样的制度创新

Q47 为什么共享经济会引发那么多争议?

Q48 共享经济发展遇到了什么新问题?

Q49 为什么要坚持“包容审慎”的监管原则?

Q50 如何理解监管的“底线思维”原则?

Q51 共享经济监管实践中存在哪些问题?

Q52 如何实现“协同治理”?

Q53 共享经济平台治理面临哪些难点?

Q54 共享经济企业应当承担哪些社会责任?

Q47 为什么共享经济会引发那么多争议？

探索、创新、模仿甚至跟风、投机各种现象不一而足，这是引发关注和讨论的直接原因，而变化快、影响广、矛盾多则是引发争议的深层次原因。

2018 年 5 月和 8 月，滴滴顺风车发生了两起司机杀人案，不仅让滴滴陷入舆论危机，也使得整个共享经济受到质疑，要求严格监管的呼声日高。尽管数据显示网约车案件发生率并不比传统出租车高，尽管这些案件发生的背后有更复杂的背景，尽管顺风车并不是网约车的全部，更不是共享经济的全部，但还是让很多人将矛头指向整个共享经济。作为一种新业态、新模式，创新多、变化快、影响广、矛盾多是共享经济发展的基本特征，也是让一些人疑问多、质疑多甚至抵触多的重要原因。

探索、创新、模仿甚至跟风、投机各种现象不一而足，这是引发关注和讨论的直接原因。从较早试水的网约车和房屋短租，到后来迅速崛起的共享单车，再到充电宝、雨伞、板凳、篮球等，越来越多的创业项目都希望在这一轮资本狂追共享经济的大潮中分得一杯羹，供分享的对象从原来的闲置资源到后来有的企业专门为了分享而增加供给，典型的例子就是共享单车。有人用“花样分享”来形容市场上不断出现的各种“玩法”，于是引发了人们对什么是共享经济的讨论和争议。

共享单车是2017年以来最受舆论关注的共享经济形式。根据人民网舆情监测室统计的相关数据，2017年1月1日至8月15日，全网仅标题中含有“共享单车”字样的新闻资讯报道即达338203篇，甚至超过同期“出行”相关新闻资讯报道量253990篇的33%。共享汽车先后四次掀起舆论高潮，且热值一浪高过一浪，特别是共享宝马的面世更是带动共享汽车新业态受到舆论追捧。共享厨房、共享零钱、共享马扎等新奇模式的出现，成为舆论热议的话题。人民网舆情监测室的监测结果表明，截至2017年8月，传播热度居于前10的主要共享经济形态包括共享单车、共享汽车、共享充电宝、共享雨伞、共享电动车、共享睡眠舱、共享图书、共享篮球、共享厨房和共享运动仓等，其累计新闻资讯报道达426119篇，微博402272条，微信文章89800篇 。

从实践来看，目前共享的物品和服务主要集中于生活和消费领域，与公众日常密切相关。尤其是当企业发展中暴露出一些问题时，往往会直接影响到消费者的切身利益，甚至是人身安全。

纵观各国共享经济的发展，虽然发展水平不一，但都难以避免地出现了诸多问题、纠纷甚至是事故。网约车平台优步自上线以来，就一直备受安全问题困扰。由于使用人数的基数庞大，大大小小的交通事故时有发生，涉及人身伤害的事件也为数不少，仅在2012年12月到2015年8月的两年多时间内，优步就发生过近200起性侵案件。安全事件的出现让消费者不禁为自己的人身财产安全而深感担忧，进而引发了对共享经济平台的信任危机。

在中国，2017年下半年以来，随着竞争失败的共享单车退出市场，用户押金等问题引发广泛关注，让越来越多的人为那些仍在风口投入的共享经济新模式感到担心——企业倒闭退场，如何保障消费者权益？留下的诸如单车垃圾等谁来清理和埋单？共享经济发展中出现的问题，涉及诸多关于公共资源使用、社会公德与秩序、政府角色期待等一些公共性话题，不仅容易成为舆论热点，而且在社会整体处于转型期的大背景下，观点不一致甚至存在争议都是很正常的。

共享经济发展过程中也暴露了社会中存在的一些行为无序和道德失范等问题。如对共享单车的各种有意破坏、乱丢乱放、有借无还、公物私占等行为持续成为社会关注的焦点。2017年2月，一篇题为《共享单车，真是一面很好的国民照妖镜》的文章刷爆互联网，文章用40多幅图片展示出共享单车用户的各种不文明行为，令人感到震惊。2017年6月，投放于南昌的3万把共享雨伞全部消失不见。共享马扎，一天便丢失大半。至于共享零钱，更被舆论认为是对人性和国民素质的严峻考验。在诸多谴责声中，也有一些理论的分析和建议，认为所谓“低素质”从根本上说是由法律规范和行业规则尚不健全、政府治理和企业自律暂未跟上等多种复杂的原因造成的。在谴责不文明行为的同时，更应注重从根本上解决一些问题。

关于共享经济问题的诸多讨论，也从更深层次反映了公众对于政府治理创新的期待。在当前我国持续推进“放管服”改革，致力于发展新业态、培育新经济增长动能的大背景下，如何在鼓励创新和规范发展两者中把握好平衡，是对政府施政智慧的巨大考验。至少在现阶段，对于这个问题的回答和解决方法远没有达成共识，甚至国外也没有可供借鉴的现成经验。如何应对共享经济发展中出现的各种问题，在很大程度上已被各界视为政府治理创新的“试金石”和“风向标”，必然成为关注的焦点。

今天的共享经济裹挟追捧与争议，固然存在诸多问题，但随着实践的日益成熟，行业内一轮又一轮的市场竞争与洗牌，资本市场日趋理性，政府治理能力的不断提升，共享经济的未来发展仍然值得期待。

知识点

变化快、影响广、矛盾多是共享经济引发争议的深层次原因。

思考题

未来关于共享经济的争议会不会减少？

Q48 共享经济发展遇到了什么新问题？

当前共享经济发展遇到的新问题有：用户权益保护难、新业态与传统属地管理之间矛盾突出、一些新的共享业态与城市管理方式之间的矛盾凸显、过度竞争与新型垄断并存等。

基于互联网的现代共享经济的产生可以追溯到20世纪90年代中期，但真正开始快速发展是在2008年全球金融危机爆发之后。由于共享经济具有低成本、低门槛、低污染和高效率、高体验、高可信等明显好处，对于带动经济增长、方便人们生活、促进环境保护、创新就业模式等方面有积极成效，所以多数国家对共享经济发展采取了较为包容的态度，中国更是如此。而随着实践的深入和人们认识的增加，共享经济发展中的一些矛盾和问题也进一步显现出来。这些问题主要包括：

一是用户权益保护难题进一步凸显。共享经济的快速渗透和广泛普及，引发个人信息安全、押金风险、社会福利等用户权益保护难题。在平台责任界定不清、诚信体系不健全以及先行赔付机制缺乏等情况下，共享经济面临“监管难、取证难、维权难”的挑战。这些问题在共享单车、共享住宿、共享私厨、共享金融等领域都有不同程度的体现。

二是新业态与传统属地管理之间的矛盾更加突出。传统监管体系强调属地管理、行业管理、科层管理，与共享经济的跨区域、跨部门、跨行业等发展实践的现实需求不匹配，“一个平台、服务全国”的运营特点与传统的属地管理制度之间的冲突日益凸显。以网约车管理为例，各地出台的网约车管理措施基本延续了传统出租车管理体制和做法，所有的网约车平台企业都要适应出租车的属地管理要求，要求在本地设立分公司并取得行政许可。按照这样的要求，滴滴出行要获得全国300多个地级市的行政许可，需要携带几乎相同的材料跑遍这些城市，即使马不停蹄地逐个城市递送材料，300多个地级市至少需要3年才能办完，若全国近2800多个县级单位也要求办证，周期可能长达20多年。在家装服务共享领域，也存在地方政府强制要求平台企业建立分公司的情况，一些城市尚不具备在线办理条件，需要企业跑遍工商、税务、社保、安监等多个部门，程序烦琐，企业合规成本极高。

三是一些新的共享业态与城市管理方式之间的矛盾日益凸显。网约车、共享单车、共享汽车、共享停车位、房屋短租、外卖配送等新业态、新模式的出现，都会对原有的城市规划、配套设施、公共空间资源管理方式等产生冲击，也给政策制定带来很大困扰。这方面的问题在共享单车领域反映较为集中，一方面是过度投放和乱停乱放，确实让人头疼；另一方面是滥用权力，胡乱执法。一些城市人为规定投放总量和公司间分配比例，更有一些城市就有“见一辆扔一辆”的心态。

四是过度竞争带来的资源浪费以及过度集中可能引发的垄断行为也不断引发热议。一些平台企业过度追求近期利益，不正当竞争和损害用户利益的事件也时有曝光。

此外，一些平台打着共享经济旗号行欺骗消费者之实，还有一些用户故意损坏共享产品等，实际上已经表现为违法犯罪。

这些问题都是发展中的问题，但处理不当就会影响共享经济健康有序发展。

知识点

共享经济发展遇到的新问题都是发展中的问题。

思考题

共享经济发展中最大的难题是什么？

Q49 为什么要坚持“包容审慎”的监管原则？

相对于其他领域而言，共享经济尤其需要来自全社会的宽容和耐心，一定程度上说，创新都是对现有做法和秩序的“破坏”，一种创新是否能满足市场需求、是否代表新生产力的发展方向等，都需要时间和实践的检验。无论是从新业态发展的目标出发，还是从当前政府大力提倡简政放权的政策氛围看，对这种新业态都要用新的思维方式和更加开放、包容的姿态给予支持。

随着我国“放管服”改革的全面推进，透明、便利、公平的整体创业创新环境正在形成，鼓励创新、审慎监管的理念日益成为共识，共享经济发展面临的体制障碍正在逐步被打破，新型治理体系和配套措施的不断完善是我国共享经济发展面临的重要机遇。2017 年 6 月 27 日，国务院总理李克强出席第十一届夏季达沃斯论坛开幕式并发表特别致辞，他表示：“我们对新产业、新业态、新模式，比如像电子商务、移动支付、共享单车，都实行包容审慎监管方式，促进了其快速健康发展。”“包容审慎”的监管理念是我国共享经济创新发展的重要条件。

2018 年 9 月 19 日，李克强总理在第十二届夏季达沃斯论坛致辞中对“包容审慎”原则给出了进一步阐释和肯定：“所谓包容，就是新业态新模式只要不违反法律法规、不触及安全底线、不损害公众利益，就本着鼓励创新原则，为其成长留下足够空间。所谓审慎，就是对新业态新模式看不准的时候，不要一上来就管死，而是给它一个‘观察期’，在出台监管措施时认真研究论证，既防止其不良行为，又引导其健康规范发展；对有些潜在风险很大、有可能造成严重不良后果的，就果断采取措施，这也适用于已有业态的监管；对谋财害命、坑蒙拐骗、假冒伪劣、侵犯知识产权的，不管是新业态还是传统业态，不管是线上还是线下，都坚决依法予以打击。正是由于这样的监管，网上购物、移动支付、共享经济等新兴产业迅速崛起，成为中国经济发展新动能蓬勃成长的显著标志。”

当前多数领域共享经济发展都处于探索阶段和起步期，产业发展需要在试错中走向成熟。一方面，发展前景存在不确定性，产业发展尚不成熟，其服务和产品的安全性、标准化、质量保障体系、用户数据保护等方面仍存在诸多不足；另一方面，诸如服务与安全标准等的制定又需要以大量的实践为基础，需要在实践中逐步迭代和完善。因此，相对于其他领域而言，共享经济尤其需要来自全社会的宽容和耐心，允许其在不断试错中走向成熟。

从政策供给侧来看，也有许多制度设计不能适应新业态发展的问题。目前占主导地位的经济社会管理制度是建立在工业经济和工业化大生产基础上的，强调集权、层级管理、区域与条块分割等管理方式，注重事前审批和准入。共享经济具有典型的网络化、跨区域、跨行业等特征，快速发展的实践使得许多制度变得越来越不适应，有些创新实践则面临不合理的制度要求等。

在 2017 年 7 月 12 日的国务院常务会议上，李克强总理说道：“几年前，快递业刚刚开始发展的时候，有些城市不允许快递存在，理由是影响市容整洁，快递员骑的摩的也不允许停放。但是我们认为，对于任何新生事物，应尽量秉持‘包容审慎’的监管方式，不能一上来就‘管死’！”也是在这次会议上，李克强总理还指出：“大家翻翻科学史，人类的重大科学发现都不是‘计划’出来的！”

从一定程度上说，创新都是对现有做法和秩序的“破坏”，一种创新是否能满足市场需求，是否代表新生产力的发展方向等，都需要时间和实践的检验。很多新业态出现的一个重要驱动要素是技术创新，特别是那些具有颠覆性创新的新技术，往往会对现行的运行规则产生影响，这是很正常的。技术创新催生的新业态，往往和原有的标准、原有的业态产生矛盾和冲突，影响到原有行业竞争态势和利益格局，都是可能的。比如在“互联网 + 汽车 + 交通”这种创新模式中，涉及汽车、电池等基本的运输单位和零部件，还会涉及交通网络、金融服务等多个环节，与此相关的就会有安全监管、服务质量监管、金融监管等，对每个环节都有加强政府监管的理由，最后可能是因为监管过于严格甚至简单粗暴而扼杀创新。无论是从新业态发展的目标出发，还是从当前政府大力提倡简政放权的政策氛围看，对这种新业态都要用新的思维方式和更加开放、包容的姿态支持发展。

从发展趋势上看，技术创新与深化应用的步伐不会停止，人们已经被激发出来的多样化、个性化的需求不可能出现逆转，人们对更美好生活的追求不会停止，基于技术创新应用的新业态新模式仍会层出不穷地涌现，谁也阻挡不了其发展态势。因此即便创新产品或服务在其发展初期带来了一定的管理方面的问题，也需要以发展的眼光和足够的耐心，让监管的手“慢一拍”再跟进。

坚持“包容审慎”的原则，不等于完全“放任不管”，如何顺应大势、制定新规则，如何避免“一上来就管死”，是对经济社会转型期政府治理能力和智慧的重大考验，既需要善于抓住市场瞬息变化的趋势，又需要有立足当前的现实考量，还需要有必要的风险防范与应急对策，是在探索中完善、在实践中创造的过程。

知识点

共享经济的成熟有一个过程，政策的完善也需要一个过程。对待创新要包容，监管的时候要审慎。

思考题

你所在的城市对网约车的监管是否体现了“包容审慎”的原则？

Q50 如何理解监管的“底线思维”原则？

“底线思维”是习近平总书记提出的重要改革思维，也是我国在培育壮大经济发展新动能、促进以共享经济为代表的新业态发展时必须坚持的监管原则。坚持“底线思维”原则，首先要最大限度地扩大市场准入，鼓励竞争，解放和发展生产力；还要对那些可能侵犯用户合法权益、引发系统性风险、影响网络空间信息安全等创新模式，有针对性地加强监管。“底线思维”为创新探索提供空间，留有余地，底线之上则应鼓励大胆探索与创新。

从经济学意义上说，监管的本质是政府为了纠正市场失灵而对市场交易行为进行的干预。市场失灵的原因多种多样，有不完全竞争、信息不对称、外部性、难以兼顾社会公平等。政府监管涉及政府、企业、公众等各方面的利益，需要做好各方面利益的权衡。当前我国正在大力培育壮大经济发展新动能，大力发展以共享经济为代表的新业态，如何做好新业态新模式的监管是实践提出的巨大挑战。

“底线思维”是新业态监管中必须坚持的重要原则之一。正如经济学家弗里德曼所言：商业的本质是营利，但营利的前提是遵守底线。2017 年 1 月，《国务院办公厅关于创新管理优化服务培育壮大经济发展新动能加快新旧动能接续转换的意见》明确提出，要“坚持底线思维。强化开放共治与防控风险并重的意识，推进以信用管理为基础，以防范区域性、系统性风险和保护消费者合法权益为底线的新型管理模式，为释放新动能创造更加广阔的空间”。7 月，国家发改委等八部门联合制定的《关于促进分享经济发展的指导性意见》明确提出，要“坚持底线思维，增强安全意识，对于与人民生命财产安全、社会稳定、文化安全、金融风险等密切相关的业态和模式，严格规范准入条件”。

“底线”是事物发生质变的临界点，是不能突破的临界点。一旦突破这些底线，事情就会发生质变，从可以接受变得不可接受。坚持底线思维，就是在监管实践中做到“有畏”与“有为”的统一。要对市场规律、法律与道德伦理红线等保持足够的敬畏，还要对可能出现的最坏情形有充分的预见和准备。底线思维为创新探索提供空间，留有余地，底线之上则应鼓励大胆探索与创新。

坚持“底线思维”原则，首先要最大限度地扩大市场准入，鼓励竞争，解放和发展生产力。政府监管手段之一就是行业准入，也被称为事前监管。党的十八大以来，我国积极推进“放管服”改革，就是坚持底线监管思维的重要体现。经济合作与发展组织《G20结构性改革进展的技术性评估报告》认为，中国结构性改革取得积极进展，“三证合一”“一站式”监督等改革措施，减少了行业准入壁垒，提高了整体经济效率。

坚持“底线思维”，还要对那些可能危及人民生命安全、侵犯用户合法权益、引发系统性风险、影响网络空间信息安全等创新模式，在尊重市场规律的基础上，有针对性地加强监管。一般而言，所有经济活动都不应突破法律底线、道德底线、宗教底线。在共享经济创新实践中，目前讨论较多的底线诉求有：

一是要守住人民生命安全和保护参与者权益的底线。一些领域的共享活动与人们的生命安全直接有关，那么保障参与者的生命安全就应该视为最重要的安全底线。在当前共享经济发展实践中，个别领域也出现了卷钱跑路、泄露用户信息等侵权行为，造成了恶劣影响。2017年以来，已经发生多起因平台资金链断裂导致经营困难、消费者权益难以保护的事例。对于消费者而言，一旦企业运营出现问题，就会面临预付费和押金无法安全退还的情况。

二是要守住不发生系统性风险的底线。尤其是在共享金融领域，一切利于服务实体经济和促进创业增长的模式创新均应受到尊重和鼓励，但要把失误可能引发的风险控制在可预期、可承受范围内。与传统的支付、投资、交易渠道相比，基于互联网的共享金融服务在客户信息的收集、整理和分析上，更加分散化、扁平化、多元化，也更具有不确定性，这就对其风险管理和安全管控提出了更高要求。对其的监管既要为创新发展留下足够空间，更要守住市场底线和法律边界。

三是要守住网络空间信息安全的底线。技术是把双刃剑，网络安全和信息化是事关国家安全和国家发展、事关广大人民群众工作生活的重大战略问题，任何领域的创新发展都必须守住这一底线。数字经济时代，消费者的个人信息也是其合法权益的重要内容和体现，对于那些可能侵犯用户隐私的行为和创新，必须严加规范。

知识点

底线思维就是在守住底线的基础上鼓励大胆创新。

思考题

哪些领域的共享活动与人们的生命安全息息相关？

Q51 共享经济监管实践中存在哪些问题？

发展共享经济，要在“放”与“管”、“鼓励创新”与“规范发展”之间取得平衡，事关市场秩序和经济发展活力，更是对政府治理能力的考验和挑战。当前监管实践中，出现政府放权不到位、政策不适应、以管代服等问题。客观上讲，这些问题反映的本质是传统的生产关系不适应信息生产力发展要求的矛盾。主观上讲，则是由于对新事物的“不懂”、对改变既有利益格局的“不敢”和“不愿”造成的。

“鼓励创新、包容审慎”是当前我国制定新兴产业监管规则的重要原则。鼓励创新，意味着公共决策要向新动能、新产业、新业态倾斜，这是“包容审慎”的题中应有之义；包容审慎，则意味着既要容得下不同，又要守得住底线。要在“放”与“管”、“鼓励创新”与“规范发展”之间取得平衡，事关市场秩序和经济发展活力，更是对政府治理能力的考验和挑战。“放到位”，新业态才能有充分的培育和发展空间；“管到位”，新业态的健康发展才能有良好的市场环境和秩序保障。

我国不断深化的“放管服”改革为共享经济发展创造了越来越宽松的发展环境，但也应注意到，实践中仍存在政府放权不到位、公共服务薄弱、相关配套措施衔接不够等问题，与人民群众的期待和经济社会发展的要求相比，差距依然存在。

一是放权不充分。本该直接放给市场和社会的权力，却由上级部门下放到下级部门，仍在政府内部打转，地方部门又“放不下去”或“放得不彻底”，许多领域仍然管得太死。2016 年 7 月，我国《网络预约出租汽车经营服务管理暂行办法》正式出台，体现了中国政府以人为本、鼓励和包容创新的政策取向，得到了国内外的普遍认可。但网约车的管理权下放到各地，由“直辖市、设区的市级或者县级交通运输主管部门或人民政府指定的其他出租汽车行政主管部门在本级人民政府领导下，负责具体实施网约车管理”，所以这一顶层设计能落实到何种程度，还有赖于地方政府的具体操作。综观各地细则，网约车在许多城市与户籍捆绑，并对车型、排量等方面做出了规定，市场机制对资源配置的作用受到极大限制。过于严厉的管理不仅使得打车难、打车贵等问题重现，也在一定程度上留下了权力寻租空间。

二是政策不适应。沿用旧的管理思路制定新的改革措施，相关改革措施不仅与李克强总理提到的让企业和群众有更多的获得感方面存在较大差距，甚至增加了企业负担。如关于网约车的管理，许多地区仍按照传统出租车的属地管理原则，要求平台企业在当地设立分公司并取得行政许可。在互联网医疗和在线教育等领域，一些多年前制定的针对线下机构的管理制度明显不适用对互联网新业态的管理，但仍在套用。

三是以“管”代“服”。急于监管但配套服务跟不上导致实践中存在以“管”代“服”的倾向。共享单车自 2016 年底以来在各地出现爆发式增长，在方便了公众出行的同时，也引发了一些诸如乱停放等问题，许多地方开始陆续出台针对共享单车的管理办法。从已经出台征求意见稿的城市的做法看，管理的色彩明显重于服务。事实上，造成共享单车乱停放等问题的一个重要原因是，长期以来在大多数城市公共交通的规划中，主要考虑的是地铁、公交、机动车等的需求，为其提供了较为充分的场地、道路空间，而对于自行车的相关设计和服务明显不足，共享单车的快速发展使得原本存在的市政服务缺位问题集中爆发。解决这类问题，需要进一步完善相关的公共服务，而不应是简单地进行数量管控和设立进入门槛。

出现上述问题的原因是多方面的。客观上讲，实践中出现的种种矛盾本质上是传统的生产关系不适应信息生产力发展要求的矛盾：传统的自上而下的层级管理越来越不适应平台经济模式下横向分工的组织方式，分享型企业快速扩张的发展态势深刻影响着原有的生产方式和组织方式，并引发了社会财富和利益的重新分配。主观上讲，主要原因有：一是“不懂”。对共享经济缺乏正确的认知，习惯于用传统的思维方式对待新技术、新业态、新模式。二是“不敢”。在原有法律法规框架下，创新发展与依法行政之间容易出现矛盾，“勇于担当就会容易受伤”，所以“只要不出事，宁愿不办事”。三是“不愿”。不愿意改变既有的利益分配格局。

知识点

不懂、不敢、不愿是造成共享经济监管缺位、错位、越位的主要原因，都是信息生产力与工业生产关系矛盾的外在反映。

思考题

为什么一些城市对网约车的准入管理会出现奇葩规定？

Q52 如何实现“协同治理”？

建立和完善多方参与的协同治理，政府需要加强现有政策制度与共享经济的适用性研究，抓紧修改已经明显不适用的法律法规；要充分发挥平台企业内生治理的作用；充分发挥行业协会等社会组织在加强行业自律、推动帮助解决行业共性问题方面的作用。

以网络平台为关键技术支撑的共享经济具有突出的跨领域、跨行业特征，对优化政府管理与服务流程提出了新的要求。当前政府的治理能力和治理体系越来越难以适应共享经济发展需要：一是条块分割的经济治理组织架构亟须优化。传统监管体系强调属地管理、行业管理、科层管理，与共享经济跨区域、跨部门、跨行业发展实践的现实需求不匹配。行业协会、产业联盟等社会组织作用缺位。二是制度建设更新滞后。目前平台企业的法律地位和责任界定不清；关于平台的性质认定、行业归类、新型劳资关系、从业者和平台的税收征缴等尚无明确规定，导致大量的共享经济活动处于监管的灰色地带。三是地方和部门的具体措施与中央鼓励发展的政策初衷存在错位，强调规范多、鼓励发展少。共享经济的未来发展，迫切要求由原来政府主导的自上而下的垂直型管理需要转变为政府、平台企业、社会组织等多方共同参与的协同共治。

建立和完善多方参与的协同治理，有如下几个关键点。

一是政府需要加强现有政策制度与共享经济的适用性研究，抓紧修改已经明显不适用的法律法规，进一步清理制约共享经济发展的行政许可等事项。利用大数据等技术创新监管手段，加强对共享经济企业的事中、事后监管。放宽资源提供者的市场准入条件，研究制定以用户安全保障为底线的创新准入政策。完善适应灵活就业趋势的社会保障机制。研究界定平台企业相关的权力、责任和利益，明确其追责标准和履责范围。

二是充分发挥平台企业内生治理的作用。共享经济平台作为一个节点，会聚着产消双方，会聚着机构、个人、第三方等多方面的参与者，既是交易的平台、数据的平台，也是信用的平台和消费者保护的平台。这些网络平台形成了一些参与者共同认可的重要规则，影响力和带动性很强。平台企业要加强平台治理和安全保障，严格规范经营，积极协助政府监督执法和承担社会责任。加强政府监管平台与平台企业的互动与信息共享，将平台企业在发展过程中形成的质量与安全保障、信用管理、风险控制等内生治理机制作为政府监管体系的重要补充。

如在网约车管理方面，网约车平台可以从大数据等技术上保障每一次出行都有完整的信息链记录，并实现事后可追溯。这正是网约车与传统巡游出租车的最重要的差异所在，也是对于行业管理极为有利的因素，因此政府对其的管理可以充分发挥市场机制的作用与平台企业的内生治理机制，从事前的限制性管理和审批，转向事中与事后监管。这就需要进一步研究和明确政府与平台企业之间的权责边界，政府监管制度以网约车平台为重点，并通过有效的激励和约束制度设计，促使网约车平台强化对参与其中的司机进行有效监管，从而构建起与共享经济新业态相适应的新型监管体制。

三是充分发挥行业协会等社会组织的自律和引导作用。从国外实践看，行业协会在新业态发展过程中可以发挥重要作用。英国的共享经济组织（Sharing Economy UK， SEUK）是由商务部组织成立的行业组织，既是宣传推动共享经济发展的组织，同时也是规范和监管共享经济的行业平台。在大力宣传共享经济发展意义的同时，还致力于制定相关标准，以期为所有共享经济企业树立清晰的、需要遵从的价值标准和行为原则；此外，还通过支持研究项目、总结企业成功实践等方式，努力解决共享经济企业面临的共同问题和挑战。从我国发展实践看，行业协会等组织可以在如下几个方面发挥重要作用：组织、引导和督促企业贯彻国家关于共享经济发展的法律法规和政策方针，规范企业经营行为；加强行业自律，研究建立争议、投诉处理机制和反馈机制；组织开展行业情况调查，研究制定行业服务标准和业务规范，完善社会监督；协调企业之间、企业与政府有关部门之间的关系，发挥桥梁纽带作用。

四是发挥服务提供者和用户的监督作用。鞋是否合适只有脚知道，平台经济存在的一些具体问题参与者会有最深切的体会。服务提供者和用户反馈的意见比较及时，也最接近于事实，无论是对于平台改进还是政府监管都有重要的参考价值。在实践发展中，平台能够实现快速迭代创新，也大多得益于参与者及时提供的信息。服务提供者和用户间的相互评价机制，也为建立新型诚信体系提供了重要信息保障。

五是建立政府部门间、政府与平台之间的联动机制，在政策制定、监管实施和事件处理中紧密合作。

知识点

政府、平台、第三方组织、服务提供者、用户等都是平台治理不可缺少的主体。

思考题

为什么说单一部门制定监管政策不能适应共享经济发展？

Q53 共享经济平台治理面临哪些难点？

共享经济创新发展对原有社会治理体系和制度提出了新的挑战，平台治理面临许多难点，如用户权益保障难、传统属地管理模式的局限性日益突出、理论研究滞后难以为平台治理创新提供有力支撑等。

实践和政策都不定型是共享经济监管面临的现实难题。尽管人们已经看清了共享经济发展中存在的一些突出问题，但在真正想去监管时却仍然感到有许多难点，具体包括以下各个方面。

一是情况不明。共享经济起步较晚，发展太快，变化也快，很多都是跨行业、跨领域、跨地区，涉及人数众多，相应的统计监测体系尚未建立起来。政府作为主要的监管方对新业态发展情况基本不掌握，监管起来当然很难入手。比如大家都知道一些城市存在共享单车过度投放问题，但对于到底投了多少、应该投放多少、何时何地经常超饱和、各家企业有多少僵尸车和损坏车等并不清晰，企业为强占市场报给政府部门的数据也可能并不真实。类似的问题在餐饮外卖、共享私厨、共享住宿等领域也都普遍存在。

二是手段缺乏。即使发现了问题所在，也知道了利益相关方各自的诉求所在，实际监管起来也会面临手段缺乏问题。共享经济是典型的网络经济、平台经济，原有的法规、制度、标准都是建立在工业经济基础上的，显然已经不适应新经济发展了。另外，中国共享经济已经开始引领全球，想从先行国家那里学习借鉴现成的经验可能性是不大的。工业革命从英国传到中国用了 100 多年，到改革开放时已有近 200 年历史，我们所遇到的问题先行国家大多都经历过。过去我们遇到问题可以先看看发达国家是怎么做的，然后结合国情做一些调整和完善，基本上不会有太大问题。但共享经济最初从美国传到中国只用了短短几年的时间，我们遇到的问题和美国一样，更何况有很多方面我们已经走在了前面。以最早形成风潮的房屋短租为例，爱彼迎在美国成立的时间是 2008 年 8 月，国内的途家网 2011 年 12 月正式上线，小猪短租也在 2012 年 8 月正式上线，前后的时间差只有 3~4 年。在网约车领域，美国的优步平台正式面世是在 2010 年 10 月，国内的滴滴平台 2012 年 9 月在北京上线，前后的时间差只有两年。令人惊奇的是，滴滴 2015 年完成的全年订单数就已经超出了优步过往 6 年的全球订单数总和。至于后几年在共享单车、网络直播、产能共享等领域出现的中国独创，就只能是别人向中国学习了。行业发展是全新的，监管创新的任务自然也就来了。

三是责任边界不好界定。监管创新时遇到的首要问题就是界定难。首先，共享经济的边界不好判定。如果一个新的业态是共享经济，就需要重新研究制定新的监管策略；如果不是，就可以沿用老的行业管理办法。近两年，关于“伪共享”的讨论多了起来，说明这个问题并没有很好解决。我们在研究中提出将基于互联网的智能化资源匹配、使用权分享、大众参与看作辨别真假共享经济的三个重要标准，但在实践中仍有不少人会质疑共享单车、共享汽车等是不是共享经济。其次，政府、企业、用户的责任边界划分难。平台企业往往具有典型的社会性企业特征，承担着更多的社会责任，企业与服务者之间的劳动关系也从雇佣关系转化为合作关系，一旦出现问题和纠纷，责任认定就变得复杂了。不同的共享经济业态在不同的环节，各方的权利和义务显然也不同，就更增加了责任边界划分的难度。最后，政府部门间的责任边界划分难。在过去按行业设计的监管制度里，尽管也存在九龙治水、交叉管理的情况，但毕竟相关职责还算清晰，有章可循。共享经济的网络化、融合型特征使得一个新的业态牵涉的部门更多，甚至找不到可以牵头的部门。

四是平衡点不容易把握。任何监管制度都是各方利益平衡的结果，共享经济监管的平衡点把握遇到了更多困难，不能指望一蹴而就，一步到位，一劳永逸。从目前来看，共享经济监管需要处理好多重关系，比如促进发展与规范发展之间的关系、政府与平台企业的关系、近期利益与远期利益的关系、经济利益与社会责任的关系、表面影响与深层次影响之间的关系等。

五是需要克服各方的“小九九”。“小九九”源于乘法口诀，所以又被称为小算盘，泛指以自我为中心的思维和行为模式。面对共享经济这个新生事物，政府部门、平台企业、用户等都会争取自身利益最大化，无疑会增大合理推进监管创新的难度。如何做到让相关政府部门、平台企业、广大用户都少一些“小九九”，多一些大智慧，本身就是一个大课题。

更为重要的是，共享经济正处在从起步期走向成长期的转型过程中，很多问题还没有充分暴露出来，其更深层次的影响还没有充分显现，任何选择都会对未来发展产生深远影响。

知识点

实践和政策都不定型是共享经济监管面临的最大难题。

思考题

为什么说共享经济监管不能简单沿用过去属地管理的办法？

Q54 共享经济企业应当承担哪些社会责任？

企业社会责任（Corporate Social Responsibility）是企业长期利益的重要组成部分，强调在企业生产和经营过程中对人的价值的关注和对社会的贡献。共享经济企业的社会责任至少包括四个方面：引领技术创新和应用创新、推动社会包容发展、助力完善社会治理体系、弘扬社会正能量。

企业社会责任是指企业在创造利润、对股东承担法律责任的同时，还要承担对员工、消费者、社区和环境的责任。企业社会责任要求企业必须超越把利润作为唯一目标的理念，强调在生产和经营过程中对人的价值的关注和对社会的贡献。企业社会责任是企业长期利益的重要组成部分，企业需要重视自身所承担的社会责任。

在全球新一轮科技革命和产业变革孕育兴起、智能型技术替代劳动密集型技术趋势明显的大背景下，科技创新对经济社会发展的支撑和引领作用日益增强。互联网是新生产力的代表，正以其强大的渗透性、创新性，改变和解构着工业时代的价值链条和产业格局，不断创造出全新的产业形态和商业模式。当前共享经济正以不可阻挡的发展态势向经济社会各个领域快速渗透，从各行各业的创新发展到公众的日常生活，都越来越离不开共享经济企业所提供的产品和服务，共享经济企业的社会参与性更广，外部效应更加明显，因此应当承担更多的社会责任，使现代信息技术更好地服务社会、造福人类。

共享经济本身就具有动员全社会资源为全社会服务的基本特性，共享经济企业大多都具有天生的社会化企业的基因，也就要求它们更多地承担和体现社会责任。

共享经济企业的社会责任至少包括四个方面。

一是引领技术创新和应用创新。面对中国在核心技术、创新能力、产业实力等方面与网络强国的差距，越来越多的共享经济企业不断加大企业技术创新投入，智能家居、无人驾驶、生物识别技术、医疗机器人都能成为企业攻关的重点。在应用创新方面，中国共享经济企业在商业模式方面的创新更是引发外媒广泛关注。美国彭博社、英国《金融时报》、日本《日本经济新闻》、德国“德国之声”、西班牙《发展报》等媒体都对我国共享经济发展进行了报道，认为我国共享经济开始进入“黄金时代”，公众参与热情高涨、政府积极支持。《纽约时报》明确指出：“中国抄袭美国的时代过去了，在移动领域，美国已经开始抄袭中国。”

二是推动社会包容发展。遵循社会规律实现包容性发展，是经济进入新常态的必然要求。从实践中看，越是在“痛点”突出的领域和行业，共享经济发展越快。共享经济企业能够为个人和企业“赋能”，帮助个人提升知识技能并创造更多的就业机会，帮助各行各业的企业实现数字化转型升级。2017 年上半年，我国共享单车行业共带动就业 10 万人，约占 1—6 月我国城镇新增就业人数（717 万人）的 0.98%，即每新增 100 人就业就有约 1 人为共享单车服务。其中新增线下运维人员约 3.5 万人。大量劳务性岗位不需要特殊技能即可胜任，为就业困难群体提供了工作机会。中国共享经济企业的这种赋能和创新已经走在了世界前列，其他国家没有现成的经验可以借鉴。未来需要共享经济企业做更多的探索和尝试。

三是助力完善社会治理体系。从实践中看，共享经济企业普遍高度重视平台的信用保障体系，如平台企业通过身份证校验、绑定实名制手机号和银行卡等方式保证交易双方信息的真实性与可信度；通过与征信机构、保险企业合作，加强对参与者的信用鉴别和管理，并为交易过程中可能出现的意外情况提供保险服务等，从而成为社会信用体系建设的重要力量。与此同时，平台企业与政府部门之间在信用体系建设方面的合作不断深入，如摩拜、ofo 等 10 家共享单车企业与发改委建立了企业信用信息共享机制，通过共享协议建立更加广泛的守信激励和失信惩戒社会机制，这也是中国个人信用体系商业化的一次重大突破。

四是弘扬社会正能量。2016 年 5 月，美团大众点评发起“你下一单我捐一元，助力旅游扶贫公益培训”线上公益活动；同年 7 月，滴滴出行与壹基金签署战略合作协议，共同发起成立滴滴“敢扶”专项公益计划。“敢扶”公益计划旨在通过褒奖出行场景中涌现的具有公益价值的行为，倡导勇于对“路上”遇到的需要帮助的人伸出援手，计划联合多家具有社会责任担当的媒体组建“敢扶”公益媒体联盟，共同营造一个人人“愿扶”“敢扶”“乐扶”的良好社会风尚。该公益项目的一个显著特点是将滴滴司机群体纳入公益褒扬和公益扶持范围。在褒扬社会公众“敢扶榜样”事迹的同时，大力挖掘和褒扬滴滴司机群体中大量涌现的拾金不昧、见义勇为、扶弱助残等正能量事迹。通过这些公益活动，既履行了企业的社会责任，也帮助企业树立了更好的品牌形象。

知识点

共享经济平台企业大多具有社会化企业特征，需要更加注重对社会责任的重视和体现。

思考题

平台企业与传统企业的社会责任要求有什么不同?

第七章

出行共享：共享经济的领跑者

Q55 共享单车为什么会快速兴起？

Q56 共享单车发展对自行车制造业有哪些影响？

Q57 共享单车发展中出现了哪些问题？

Q58 共享单车发展趋势如何？

Q59 企业占用社会资源合理吗？

Q60 共享单车治理中政府承担什么角色？

Q61 我国共享汽车发展现状如何？

Q62 我国共享汽车发展面临哪些难题？

Q63 共享出行领域是否会形成“一家独大”的局面？

Q64 其他国家如何对网约车进行监管？

Q65 如何看待“网约车新政”？

Q55 共享单车为什么会快速兴起？

共享单车被称为中国的“新四大发明”之一。我国首创的无桩共享单车正在引领全球共享单车行业发展。共享单车的快速兴起和蓬勃发展是信息技术创新、城市短途出行需求、资本市场的支撑以及出行理念变化等多因素作用下的产物。

共享单车的兴起唤起了许多人的自行车情结，也让许多外国友人惊叹不已，被称为中国的“新四大发明”之一。与欧美国家相比，中国公共自行车起步虽晚，但在全球范围内首创了无桩共享单车，出现了以ofo、摩拜为代表的中国品牌。

全球移动数据研究机构 Cheetah Lab 的数据显示，2017 年全球共享单车用户规模已增至 2.27 亿。其中，2017 年 9 月至 12 月，海外市场用户周活渗透率涨幅达 2440%。未来两年内，全球共享单车用户规模将继续保持扩大，在 2019 年预计达到 3.06 亿。其中，海外市场爆发增长空间潜力最大，将有 5~10 倍的增长空间。

2018 年 2 月 9 日，在国务院政策例行“吹风会”上，交通运输部副部长刘小明在回答记者提问时透露，目前全国有 77 家共享单车企业，已经投入了 2300 万辆共享单车，累计运送了 170 亿人次，最高日达到 7000 万人次。国家信息中心研究报告显示，2017 年共享单车全行业订单达到65亿单，交易规模约45亿元。共享单车高峰时期，行业日订单估计超过5000万单，平均每辆共享单车的日骑行频次约2.5次。

共享单车的快速兴起和蓬勃发展是信息技术创新、城市短途出行需求、资本市场支撑以及出行理念变化等多因素作用下的产物。

被重新定义的“单车”，信息技术创新应用大大提高了单车使用的便利性。互联网、云计算、物联网、大数据、人工智能等信息技术出现后，自行车已经彻底“升级”，被重新定义了。新技术应用大大提升了单车使用的便利性，这是共享单车快速普及的重要原因。以智能车锁为例，智能车锁集合了GPS、SIM卡和通信模块，用户每次扫码开锁就是一个远程呼叫电话的过程，信号将通过“移动窄带物联网”（NB-IoT）传输到智能车锁的SIM卡上，收到命令后锁舌才会弹开。智能车锁在功能上不仅可以防盗，还能凭借联网通信能力结合内置的GPS，持续获取用户关键数据（例如单车的运动轨迹、某一区域内用户打开App的频率，周边商场、写字楼位置等），并与后台分析结合，以支撑各类增值服务。

“最后三公里”的通勤痛点亟须解决。长期以来，城市内公交站、写字楼、居民楼之间“最后三公里”的末端通勤很难由公共交通来实现，居民不得不依靠步行或自购自行车来满足短途交通需求。上海市2014年的一项调查数据显示，市民每次乘坐轨道交通平均耗时62分钟，其中行驶时间约35分钟，而两头接驳的时间就达27分钟。国内虽然早已有部分城市布局了公共自行车系统，但大都因存在数量不足、覆盖有限、停取不便、支付不易等问题使其便捷性大打折扣。共享单车通过手机注册、移动支付、随骑随取的新型服务模式较好地解决了上述痛点。

资本市场的支撑。在共享经济领域，共享单车是典型的重资产模式，单车属于平台企业所有，单车的购置、投放、线上运营、线下维护都需要大量的前期资金投入，因此共享单车服务在城市的大规模推广离不开资本市场的支撑。从实践来看，强大的资本支撑是单车企业得以发展的重要条件。据创业投资数据平台 IT 桔子显示，2016 年共享单车领域共发生 24 起融资事件，2017 年发生约 30 起，成为融资事件数最多的共享经济细分领域，资本市场的热捧为共享单车投放车辆、推广品牌、线下运维以及海外拓展提供了充足的“弹药”。

绿色出行理念渐入人心，单车出行成为年轻人的消费时尚。中华人民共和国成立以来的几十年，自行车一度是中国城市居民非常重要的代步工具。随着中国经济持续高速发展、城市区域快速扩张、居民收入不断提高，自行车的通勤作用弱化，汽车成为城市通勤最重要的交通工具，汽车保有量高速增长，随之而来的汽车堵城占道、汽车尾气排放、汽车噪声污染等问题越发突出。随着人们环保意识的不断增强，越来越多的人愿意选择绿色出行方式，重新回归自行车出行，尤其是年青一代的绿色出行理念更加深入人心，他们是共享单车最忠实的用户，推动着共享单车成为城市交通服务的消费时尚。

Q56 共享单车发展对自行车制造业有哪些影响？

共享单车的快速发展首先是为自行车制造企业、零配件供应商等带来了大量订单，同时还倒逼着制造企业不断改进工艺，提高产品技术含量和提升效能。共享单车的快速发展在给传统自行车行业带来机遇的同时，也提出了新的挑战。

20 世纪 70 年代，自行车在我国作为年轻人结婚必备的“三大件”之一；到 80 年代逐渐成为中国人最普及的代步工具，上下班和上学放学的时间段，自行车如洪流般穿行在大街小巷。但随着汽车的普及，在快节奏的工作生活背景下，骑车出行的人数骤减，已经不再是公共出行的主流交通工具，一度热火朝天的自行车制造业的规模也逐渐缩小。

然而 2016 年以来，随着共享单车的兴起，单车出行再度开始流行，自行车不仅是一种代步工具，也成为人们追求绿色、健康生活的文化符号。共享单车的快速发展使得我国整个自行车制造业重新焕发生机。

在共享单车发展热潮的初期，单车覆盖的城市数与覆盖率成了企业间的竞争焦点。一定程度上说，谁能在最短的时间内投放更多的共享单车，谁便可以抢得市场先机。2017 年，多家共享单车纷纷提出投放百万辆的年度计划，ofo 小黄车曾以“一天一城”的速度在 10 天内进入 11 座城市。摩拜等多家共享单车企业也都在积极布局共享单车市场。

2017 年 1 月 13 日，正如李克强总理在听取专家学者和企业界人士对《政府工作报告（征求意见稿）》的意见建议的座谈会上所言："摩拜单车听上去是经营方式的革命，但基础还是自行车，还是要靠实体经济支撑。反过来，实体经济也要靠服务变革来带动。"

共享单车的快速发展首先为传统自行车制造企业带来了大量订单。国家信息中心发布的《共享单车行业就业研究报告》显示，2017 年上半年，我国共享单车带动相关自行车企业中 80% 的就业岗位。不只是飞鸽，还有富士达、爱玛等大牌厂商，大量自行车企业的流水线上都有着各色共享单车的影子，有企业直言"自行车生产线很久没这样火热了"。天津市自行车电动车行业协会数据显示，截至 2017 年 2 月，天津共生产共享单车 200 余万辆，预计 2017 年全年天津将生产约 1000 万辆。天津已成为共享单车的主要生产基地。有媒体报道，富士达工厂在 2017 年收获了 ofo 小黄车 1000 万辆的大订单；加上其他品牌的共享单车，生产任务很重，据说富士达的工人每天工作 11 个小时，就连旗下负责出口自行车订单生产的工厂也加入了生产。雷克斯自行车有限公司增加了 7 条流水线，以应对 2016 年底陡然增加的共享单车订单。深圳一家名为麦可斯的企业，原本每月只有大约 5000 辆的产量，与共享单车企业合作后，其产量以 10 倍的速度增长。天津爱玛体育用品有限公司主营中高档自行车，与自行车运动相关的各类体育运动器材、服装、服饰等，其年产能原本为"300 万辆中高档自行车"，但 2017 年与摩拜签订了 500 万辆的代工合同。原本平淡的自行车制造行业似乎在一夜间被突然引爆。

共享单车的迅猛发展催生了对具备计时、定位、防盗等功能锁具的大量需求，自行车厂零配件供应商的订单也随之增加。国家信息中心研究团队对上海、深圳、杭州、中山等地智能锁企业的调研结果表明，为共享单车生产智能车锁的一线员工，占生产线上全部员工的52%。智能车锁的产业链不仅有电子锁的实体厂商，还包括通信与定位模块、发电系统等企业。智能车锁集合了GPS、SIM卡和通信模块，几乎相当于一个手机。

共享单车发展还带动了自行车行业技术升级，包括轻便的一体化车身设计、真空鞍座、铝合金培林花鼓、NB-IoT物联网智能锁、独特的太阳能电池板以及双密度结构的特殊车胎等。据不完全统计，共享单车企业累计申请专利数超过300项，如ofo小黄车的产品累计进行了25次更新迭代，最新推出的“ofo小黄蜂”进行了101项用户体验研究。共享单车的生产还倒逼着制造企业不断改进工艺，提升产品技术含量和提升效能。自行车制造企业在应对共享单车大量订单的过程中，因为单车的产品要求与以往也有所不同，必须围绕“单品海量”来重新梳理生产管理体系，整合优化资源和实现规模效益。

首先，共享单车的快速发展在给传统自行车行业带来机遇的同时，也提出了新的挑战。比如需求量可能会迎来“天花板”。一方面，共享单车普及程度越高对传统产品的冲击就越大，有可能会影响自行车市场总的需求量；另一方面，许多城市对共享单车投放做出了量的限制。其次，优势企业赢得更多订单和发展机会的同时，一些小企业陷入困境，引发行业洗牌。最后，在共享单车行业中，物联网、智能化、大数据等发挥着重要引导作用，对传统单车制造业的整个经营模式、销售渠道、产品的结构都提出一定的调整和要求。

Q57 共享单车发展中出现了哪些问题？

共享单车短时间内的快速发展引起了社会的广泛关注和热议，成为共享经济领域2017年以来最受舆论关注的议题。共享单车发展中出现了四大问题，包括押金风险、用户违规骑行、城市管理难题和企业“走出去”面临的挑战。

共享单车短时间内的快速发展引起了社会的广泛关注和热议，成为共享经济领域2017年以来最受舆论关注的议题。其发展中出现的押金风险、违规骑行和停放、用户隐私保护等问题也引发很大争议。

一是押金风险。在使用共享单车前，用户都需要先支付一定金额的押金，通常为100~200元。与普通的押金制度不同，共享单车使用中普遍存在“一车多押”的现象，目前行业累计押金总额上百亿元。大量押金沉淀形成了实际上的“资金池”，使其发挥了事实上的金融生息以及现金流功能，也很容易被挪用，如将押金投入网贷赚取利息，或挪用至企业扩大再生产等。2017年下半年，随着小蓝、小鸣、酷骑等共享单车企业相继出现困难，有关方面才表示很多共享单车企业开立的结算账户为一般存款账户，银行“并未与该公司开展任何实质业务合作”，无须履行第三方监管义务。共享单车用户押金专款专用执行情况不容乐观。一旦出现共享单车企业退出经营并且濒临破产时，消费者权益保护将面临巨大挑战。2017年以来，至少已经发生6起因共享单车企业退出经营而引发的退款问题。据广东省消委会 2017 年 11 月 1 日发布的三季度投诉分析报告显示，共享单车退押金问题因投诉集中、影响面广，成为季度维权焦点。

二是违规骑行问题。共享单车虽然较好地解决了短途代步的“行之难”，但也遇到了“用之乱”和“停之困”的问题。一方面，当前我国个人信用体系尚不健全，用户随意弃置、故意藏匿或加锁、蓄意毁坏车锁与二维码关键部件等不文明行为屡次出现，致使共享单车周转效率下降、运维成本上升，同时引发公众不满。另一方面，共享单车最为人所诟病的是乱停乱放问题，部分用户罔顾公共利益、随意骑行停放，挤占了城市公共空间，扰乱了城市公共秩序，也影响了城市总体形象。尤其是在一些人流量集聚的商场、地铁周边等区域，违规停放的单车影响了人们的交通出行。

三是城市管理难题。共享单车企业为了抢占市场份额与用户规模，往往不顾城市空间承载量和居民实际需求而采取攀比式的过度投放，给城市治理带来了很大挑战。2017 年，杭州市城管部门先后 67 次对共享单车企业进行了行政约谈，对 6 家单车企业的 9 种违法行为进行了立案查处，共发出 10 份接受调查通知书，并对 6 家企业做出了罚款、责令整改等行政处罚决定。

四是单车企业“走出去”面临的挑战。共享单车出海布局业务面临诸多挑战：首先，需要考虑当地市场是否足以支撑实现正常运营，国内大城市发展共享单车的优势之一就在于稠密的人口和巨大的短途出行需求，然而国外城市人口规模和密度差异很大，并不一定能满足有效的运营规模。其次，有些国家和地区相关制度比较严格，对公共自行车停放、行驶、运维有严格要求，无桩式共享单车如果没有经过有效沟通和针对性适应改造，很难在当地立足。

Q58 共享单车发展趋势如何？

面向未来看，基于技术升级的精细化和规范化运营将成为共享单车行业新一轮竞争焦点；“信用免押”骑行成为大趋势，将对单车企业的资金流形成重大考验，也会倒逼企业不断提升用户体验和增强企业造血功能，从而推动行业健康发展；领先企业将积极拓展不同类型的出行服务，一些主攻二三线城市和具有特色的细分市场的单车企业有望逐步巩固其优势；同时，包括政府、平台企业和其他社会力量共同参与的协同治理将是行业管理的大势所趋。

共享单车的出现受到了国内外高度的赞誉与关注，但同时也面临诸多质疑与诟病，面对种种挑战和难题，共享单车行业未来又将出现什么样的格局？行业的未来前景如何？

基于技术升级的精细化和规范化运营将成为新一轮竞争焦点。从2017年下半年开始，随着行业竞争的加剧，一些资金实力较弱、产品创新能力不强的企业开始面临日渐增长的资金链压力，甚至退出市场。处于行业领先地位的企业则受到更多资本青睐，不断加速市场扩张步伐，市场集中度不断提升，ofo小黄车和摩拜单车占据了九成左右的市场。市场集中度提升的同时，领头企业之间的竞争也日益白热化。如果说2017年的企业竞争的焦点是市场份额和排名的话，2018年的竞争焦点将向精细化运营升级，包括精细化运营，车辆的管理、维修、高效调度、智能化，注重产品质量、能够带来更好的用户体验、运营规范化、具有基于大数据强大运营能力和更好地履行企业社会责任的企业才有可能在竞争中胜出。

“信用免押”骑行成为大势所趋。2017年，交通运输部联合多部委发布《关于鼓励和规范互联网租赁自行车发展的指导意见》，明确鼓励免押金模式，并提出用户押金要专款专用，接受主管部门监管。中国消费者协会也曾多次发文谈及共享单车押金问题，约谈相关企业，呼吁共享单车企业尽可能采取免收押金方式提供单车共享服务。芝麻信用的数据显示，此前已有永安行、ofo小黄车等近20家共享单车在30多个城市开通了信用免押。已超过4000万用户使用过信用免押骑行，累计免押金额超过60亿元。从行业平均数据来看，接入信用免押机制后，提升了服务效率，新用户通过支付宝扫一扫开通时间由10分钟下降到1分钟，注册转化率提升20个百分点以上，骑行人次提升50个百分点以上。随着越来越多的共享单车企业开始推行免押金服务，“信用免押”将成为趋势，也可能成为企业间竞争的另一焦点。免押金对所有共享单车企业而言都是对其资金链的严峻考验，同时也会促使企业不断完善自身服务，提升用户体验，从而增强企业造血功能，从长远看也有助于整个行业的健康发展。

领先企业有望拓展不同类型的出行服务。尽管共享单车的用户黏性还比较高，但其用户总量并不特别大，如果仅仅将面向单车用户进行收费作为主要赢利点的话，从长远看空间并不大。拥有一定用户基础和流量后，共享单车企业可能会不断拓展面向不同类型出行需求的服务。2017 年 9 月摩拜接入首汽的网约车服务，10 月宣布与嘀嗒拼车达成合作，11 月摩拜子公司得到一汽入股，并与贵州新特电动汽车联手进军共享汽车。而网约车巨头滴滴在托管小蓝单车后，开始线下运维，并推出自有品牌青桔单车。哈罗单车在共享单车领域外，还在少数城市投放了超 10 万辆共享电踏车，并与共享汽车厂商展开合作，满足用户日常 3 公里、5 公里、10 公里的出行需求。从长远发展看，通过一个应用入口多方面满足短途、中途乃至长途出行服务的业态融合将成为一种趋势。

中小城市和特色细分市场也有望成为新的竞争之地。在行业领头企业聚焦于争夺大城市市场的同时，一些共享单车企业则将目光转向了中小城市和有特色的细分市场，如风景名胜景区、高校集中校区、工业生产园区等具体场景区域。智享单车通过与旅游景点签订协议投放共享单车，已经成功入驻秦皇岛北戴河、额济纳胡杨林等多个知名景区，收费标准也高于普通城市，走出一条共享单车差异化发展的新路子。目前县级市数量占到全部城市数量的一半以上，共享单车在中小城市的发展空间很大。未来共享单车企业可以在综合考虑各地经济水平、地理条件、人口规模、出行需求、使用习惯的基础上选准市场，并因地制宜深耕开发与有序拓展。

多方参与的协同治理。共享单车发展中出现的问题是由多种因素造成的，如企业为争夺市场和用户在较短时间内投放数量急速增加，现有城市规划在慢行交通系统设计方面存在不足、智能化管理水平不高，以及用户自觉有序停放意识薄弱等问题。因此共享单车行业治理需要建立起多方参与的协同治理机制，治理主体与治理手段都将走向多元化。治理主体将包括政府、平台企业、其他社会机构和社会公众等；治理手段除了将充分利用大数据、物联网、人工智能等技术手段外，相关的管理制度和信用管理将更加完善。

Q59 企业占用社会资源合理吗？

共享单车企业通过增加投放量来吸引用户，实质上也是在争夺有限的城市公共空间，会给社会增加大量的公共管理和运营维护成本。同时要充分考虑到单车服务具有一定的公共性和公益性，也不宜将单车等同于一般的商业经营行为。因此，对于共享单车企业占用城市公共资源这一问题，需要全面、多角度地看。城市治理要创新思维，要在认可其具有公共产品和服务属性的前提下，逐步建立起政府引导、市场主导、社会力量积极参与的协同治理模式。

2016 年下半年以来，共享单车几乎一夜之间成为市民出行的新宠，大街小巷各种颜色的单车几乎成为一些城市尤其是大城市新的风景线。2016 年堪称共享单车元年，2017 年共享单车发展可以说是褒贬不一：一方面，单车供给数量和注册用户数都迅速增加，可以说供需两旺，大大便利了市民的短途出行；另一方面，种种不文明骑行、违规停放等现象备受争议，甚至在地铁站、公交站等一些热点区域造成了新的拥堵，引起了一场全民关于共享单车发展和国民素质的讨论。

据媒体报道，2017 年 2 月，上海市相关部门曾扣押了 4000 多辆违规乱停的共享单车，理由是投放量剧增的共享单车占据了大量原本属于市民停放非机动车辆的公益性站点，遭到市民强烈投诉。3 月 15 日，上海市交通委又约谈共享单车企业，要求即日起暂停在城中心地区投放新车。7 月，福州、杭州、郑州也都提出暂停投放新车。8 月 3 日，南京市提出要求，即日起到年底前，各运营企业将暂停投放新车；8 月 10 日前，现有无牌共享电单车须退出南京市场。

这些城市做出此类规定的主要原因全都指向一个：共享单车的无序投放严重影响了城市的交通秩序和市容市貌。这是一个备受争议的问题：共享单车企业随意将共享单车摆放街头、占用社会资源，这种做法合理吗？

对这一问题，需要从多个角度加以分析和应对。

一方面，共享单车企业通过增加投放量来吸引用户，实质上也是在争夺有限的城市公共空间，按照传统的管理办法，共享单车企业的确有“占道经营”的嫌疑，也会给社会增加大量的公共管理和运营维护成本。

共享单车行业发展初期，企业竞争的焦点是以尽可能快的速度占有尽可能多的市场和吸引更多的用户。所以，2017 年上半年，我们看到随着大量企业进入这个行业，街头上各色单车迅速增加，从一定程度上说，哪家单车在街头出现得多、数量多，更方便用户随取随用，也就更容易获得客户。但随着时间的推移，这种近乎“野蛮式的发展”与城市有限的公共空间之间的矛盾越发突出。表面上看，共享单车企业是通过增加车辆的投放量吸引用户，实质上也是在争夺有限的城市公共空间，随着投放数量的迅速攀升和覆盖面的扩大，我们越来越感觉到：城市空间不够用了。

按照传统的管理办法，许多城市的市容环卫管理条例都明确规定，不得擅自在城市道路和公共场地占道经营，需要临时使用的必须征得相关行政主管部门同意后办理审批手续。共享单车企业一方面强调无桩停放、随骑随还的便利性；另一方面也在一定程度上忽略了其经营行为及路权概念，占用机动车道、非机动车道、公共自行车停放区、盲道等，甚至在人行道上随意摆放。从这个角度看，共享单车企业的无序投放的确有“占道经营”之嫌，持续大规模投放势必会使其与城市有限公共空间之间的矛盾升级。

与此同时，由单车大量投放带来的城市公共管理和运营维护成本也明显上升。就共享单车企业的运营模式看，其动辄 10 万辆的投放并没有配备足够的运营维护人员，不少城市的管理部门，包括城管、交通管理、环卫部门、各种写字楼的物业等，都不得不参与到单车管理中。有些城市管理部门将违规停放车辆、故障车辆收集起来后，再与单车企业协商取回。这个过程增加的管理成本，企业并没有承担，实践中也出现过集中回收的单车无人认领的情况。可以说，企业运营维护力量跟不上、故障车辆成为新的闲置品侵占公共空间并影响城市等现象，政府如果只是开展“运动式”的整治往往治标不治本。

另一方面，我们还要充分考虑到单车服务具有一定的公共性和公益性，实践中也不宜将经营共享单车平台等同于一般的商业经营行为。

近些年，很多城市政府都投入了大量资金配置公共租赁自行车。有报道显示，杭州市从 2008 年开始仅三年时间里就投了大约 4 亿元，到 2017 年 5 月，杭州市公共自行车投放量达 8.58 万辆，车辆租借点达 3782 个。武汉市政府投资公共自行车超过 3 亿元，到 2017 年 3 月，武汉市共投放公共自行车 4 万辆，累计运营站点有 2000 多个。株洲市政府仅第一期建设投入就有 1.2 亿元，此外每年还将投入运营费。北京也有大量政府投入的公共租赁自行车。但客观地说，这些投入并没有很好地解决城市居民出行“最后一公里”的方便问题。通过市场化机制发展起来的共享单车，具有很强的公共性，它大大缓解了公共交通压力，方便了公众“最后一公里”出行，而且低碳环保。

共享单车的公共性比网约车等服务要大得多，甚至可以与公共交通相提并论。共享单车虽然由企业提供，但帮助政府缓解城市拥堵、推广“绿色出行”，解决了群众出行的“痛点”，应当充分认可共享单车具有的公共产品和服务属性。

因此，对于共享单车企业占用城市公共空间、公共资源这一问题，需要全面、多角度地看。城市治理要创新思维，要在认可其具有公共产品和服务属性的前提下，逐步建立起政府引导、市场主导、社会力量积极参与的协同治理模式。

Q60 共享单车治理中政府承担什么角色?

共享单车发展中出现的问题是由多种因素造成的。首先，政府要在城市慢行交通设施的完善等公共建设领域、路权保障等制度建设等方面，为共享单车发展创造良好的外部环境和基础条件。其次，政府需要明确单车共享企业责任及相关规则，强化事中事后监管，还要注重利用技术手段，加强与平台企业的共享共治。最后，要做好面向全社会的宣传和教育工作，不断提升公众的整体素质。

共享单车在给人们带来极大交通便利的同时，实践中出现的各种不文明行为、潜在的押金风险等诸多问题也使其一直处于舆论争议的旋涡中。面对这样的新业态、新模式，政府在其发展过程中该发挥怎样的作用？单车治理如何走出“一放就乱、一管就死”的困境？

曾经有学者提出，要解决共享单车的无序和各种交通违法行为，需要政府适时介入，建立统一的市场准入制度和实施规范化管理。但实际上，近两年共享单车的快速发展恰恰是市场力量的作用，这与之前许多地方政府部门力推的市政单车服务最终没有成功形成了鲜明对比。而且，政府以设置市场准入和强化管制等方式干预，并不一定能从根本上解决各种混乱和不文明问题。

但这并不意味着政府不应该介入，之前出现的种种混乱恰恰是某些领域监管不到位的反映。共享单车发展中出现的问题是由多种因素造成的，需要多角度全面分析。

一方面，要认识到共享单车发展中出现的问题，有些是新问题，有些则是过去已经存在的问题的集中爆发。比如，用户押金管理与风险控制，实际上在共享单车发展起来之前就存在，共享单车的快速发展让这一问题集中爆发，实际上也倒逼着我们尽快完善相关制度。在这方面，交通运输部在 2018 年 2 月的一次“吹风会”中就提出：“交通运输部高度重视，会同人民银行、银监会等有关部门一起分析存在的问题，制定相关管理办法，针对押金和预付金的监管办法正在制定过程中，将按照工作程序报批后尽快发布实施。”因此，对新业态发展过程中出现的问题，有针对性地加以解决，尤其是可能损害用户权益的，需要尽快完善制度，引导其规范发展。

另一方面，对于单车使用过程中出现的不文明和违规情况，则需要建立起包括政府、平台企业、用户等多方参与的协同治理机制。政府需要在这个治理体系中发挥主导和引导作用。

对政府而言，**首先，需要明确肯定共享单车发展对于城市交通出行的重要意义，认识到共享单车的发展“宜疏不宜堵”**。真正将当前我国政府对待新业态“鼓励创新、包容审慎”的基本原则落到实处，着眼于长远和未来发展，努力在城市慢行交通设施的完善等公共建设领域、路权保障等制度建设方面，做好前瞻性研究和规划，为共享单车行业创造更好的发展空间和外部环境。

其次，政府需要明确单车共享企业的责任及相关规则，强化事中和事后监管。单车企业通过增加投放量来吸引用户，实质上也是在争夺有限的城市公共空间，会给社会增加大量的公共管理和运营维护成本，企业理应承担相应成本和履行相应责任。但从目前看，政府部门与平台企业之间的公共管理成本分摊、责任界定等尚不明确，这也是造成诸多混乱的根本原因。2018年3月，成都市交通运输委员会同市城市管理委员会、市公安局，制定了《成都市共享单车运营管理服务规范（试行）》和《成都市共享单车服务质量信誉考核办法（试行）》，可以说是在明确企业责任，探索建立共享单车企业“退出机制”方面的有益探索。

再次，政府需要注重利用技术手段，加强与平台企业的共享共治。其中一个关键环节就是数据共享。在这方面，已经有不少地方政府部门开始着力推进。2017年6月1日，深圳交警颁布《关于进一步规范共享单车用户使用行为的联合声明》，对在深非机动车违法行为人实行共享单车停用办法，从7月1日起正式启动；8月22日，深圳交警与8家在深送餐企业共同签署《送餐企业交通安全文明倡议书》，将对相关违规送餐骑手停工培训一天，并停止该人员骑行电动自行车送餐服务一周。自2017年12月1日至2018年3月16日，深圳交警共查处840611宗行人非机动车违法，其中共享指挥调度中心将行人非机动车违法分为14次分批推送给各企业。2018年3月27日，深圳交警与在深各共享单车企业、互联网送餐企业建立交通违法人员黑名单机制，深圳交警定期将在深非机动车交通违法数据共享给在深各共享单车企业及互联网送餐企业，各企业在收到数据5个工作日内统一对相关违法行为人采取停用措施。

最后，共享单车服务具有很强的公共服务特点，政府需要做好面向全社会的宣传和教育工作，不断提升公众的整体素质。共享单车考验着每一位使用者的素质，共享意识、规则意识、社会公德意识的树立并非一日之功，需要政府在加强制度建设的同时，持续做好这方面的宣传和教育工作。

Q61 我国共享汽车发展现状如何？

我国共享汽车有着巨大的市场潜力。从整个行业发展情况看，目前处于领先地位的共享汽车运营商大多数都有整车制造企业的支持；但近一年来，一些拥有巨大用户基数和流量优势的互联网巨头企业纷纷进入共享汽车领域，使得共享汽车行业竞争日趋激烈。

共享汽车通常是指基于互联网的汽车分时租赁模式。继共享单车火爆之后，共享汽车也被各界广泛关注，甚至被认为有望重新定义传统的汽车消费模式和出行方式。我国的共享汽车市场发展潜力巨大，近年来一些传统汽车运营商和互联网巨头企业纷纷入局，行业竞争日趋激烈。

分时租赁型共享汽车 20 世纪 80 年代末出现在瑞士，90 年代以后在欧美国家逐步兴起并不断走向成熟。2008 年，戴姆勒推出了一个汽车共享项目 CAR2GO，主要采用奔驰 smart 组成单程、自由流动式汽车即时共享体系。租车人无须在指定地点租车和还车，租车用车更为便捷和灵活。2010 年，我国首个汽车分时租赁业务平台“车纷享”在杭州阿里巴巴商业园区上线运营。2013 年以来，随着汽车租赁业的快速发展、移动互联网技术的广泛应用以及新能源汽车的不断推广，汽车分时租赁业务扩张开始加速。

从市场潜力来看，艾媒咨询报告显示，2016 年中国互联网汽车分时租赁市场规模为4.3亿元，预计到2020年，整体市场规模将达92.8亿元，为2016年的21倍多。另有数据显示，我国驾照持有人数量大约为6亿，但机动车保有量仅1.94亿，目前汽车租赁市场的租赁车辆为60万辆，其中80%用于企业长租，只有20%用于个人出行短租。共享汽车的市场潜力无疑是巨大的。

从整个行业发展情况看，目前处于领先地位的共享汽车运营商大多数有整车制造企业的支持；但近一年来，一些拥有巨大用户基数和流量优势的互联网巨头企业纷纷进入共享汽车领域，使得行业竞争日趋激烈。

交通运输部公布的信息显示，截至2017年6月，汽车分时租赁企业40余家，车辆总数超过4万辆，95%以上为新能源车辆。从事该业务的市场主体有：北京易卡、途歌（TOGO）、首汽Gofun、绿狗（GreenGo）、巴歌、PP租车；上海EVCARD、环球车享、凹凸租车；重庆盼达、即行（CAR2GO）、长安出行；杭州车纷享、微公交；广州有车、驾呗、途宽易；郑州一步用车；宁波小灵狗等。目前来看，几家处于领先地位的共享汽车运营商大多有整车制造企业的支持，EVCARD背靠上汽集团，盼达用车由力帆控股投资成立，首汽集团旗下的Gofun也拥有充足的车辆资源，三家均称在全国投放的共享汽车已超万辆。

从运营模式来看，以网点取还车为主。共享汽车主要有两种运营模式，即固定网点取还车和自由取还车。目前在我国，除途歌外，几乎所有共享汽车企业都采取了固定网点取还车模式，运营难度相对较低。

2017年下半年以来，一些互联网巨头企业纷纷进入共享汽车领域。2017年8月，滴滴宣布开展“分分租”业务，正式涉足汽车分时租赁市场。2018年2月，滴滴正式开放其共享汽车平台，宣布与北汽新能源、比亚迪、长安汽车、奇瑞、中国一汽等 12 家汽车厂商达成战略合作，搭建新能源共享汽车平台。2017 年 10 月，P2P 租车平台凹凸租车在沪开启分时租赁业务“凹凸坦客”。11 月，美团旗下“美团租车”的分时租赁业务在成都郫都城区开展试点。12 月底，摩拜单车在贵州省联合中国一汽、新特新能源等公司举行线上活动，正式启动摩拜共享汽车项目。2018 年 1 月 18 日，神州租车宣布推出分时租赁业务，在全国 55 个城市陆续上线，首批计划于 3 月 28 日在北上广深上线运营。同年 2 月 14 日，携程宣布正式上线共享租车业务，并计划借助该业务直接切入汽车分时租赁场景。这些互联网巨头企业拥有巨大的用户流量，这是其相对于传统汽车企业的独特优势。为用户创造新的消费场景，盘活用户流量，同时积累新的用户流量，出行领域无疑具有很大的想象空间。

从未来发展看，共享汽车发展方面有着较好的政策支撑和引导。2014 年 7 月，国务院办公厅发布了《关于加快新能源汽车推广应用的指导意见》，明确指出：“在个人使用领域探索分时租赁、车辆共享、整车租赁以及按揭购买新能源汽车等模式。”共享汽车成为各地政府推广新能源汽车的重要手段，越来越多的企业进入共享汽车行业。2017 年 8 月，交通运输部、住房和城乡建设部联合发布《关于促进小微型客车租赁健康发展的指导意见》，充分肯定了共享汽车的积极意义，并明确指出对共享汽车涉及的车辆停放、充电基础设施等方面应给予扶持。在地方层面，2014 年以来，北京等多个省市出台的新能源汽车产业有关政策中，均提出支持分时租赁共享汽车发展，但与此同时，行业发展仍面临投入成本高、赢利难、停车与充电等基础设施亟须完善等问题。

Q62 我国共享汽车发展面临哪些难题？

共享汽车行业的快速发展还有较长的路要走，需要克服不少瓶颈和困难，如停车、充电等配套设施不完善，用户体验和安全保障需要进一步提升，交通意外责任界定复杂等。此外，企业还面临投入成本高、赢利难等问题。

作为城市公共出行的补充，共享汽车在许多地区出现了快速发展的态势，许多共享汽车企业也开始积极布局。但从实践层面看，共享汽车发展还面临不少的瓶颈和困难，整个行业的快速发展还有较长的路要走。

停车、充电等配套设施不完善。没有高密度的停车点，共享汽车的便利性会大打折扣，真正的共享出行也就难以实现。尤其是在大城市，汽车停车本来就“一位难求”，更没有单独规划出来的专供共享汽车使用的大面积停车位。有媒体报道，在北京一停车场使用某品牌共享汽车，需要先垫付该汽车在停车场的费用300多元，之后将收据上传至共享汽车App，再报销。记者还就此问题咨询EVCARD客服，客服称在公司专用停车网点取车和还车，不收取任何停车费用。但是，部分网点尤其是处于比较繁华、车源紧张地段的网点，取还车可能要收取服务费，这个服务费实质上相当于停车费，不会退还给用户，用户可以选择付费或者到其他网点取还车。有用户反映，使用共享汽车“总是要想着，要保持一定电量，否则就开不回来了。但是充电的网点又比较分散，有时就得找车换车，很麻烦”。“车不是太好，停车不方便，很多停车场不让停，而且价格算下来也比较贵。”

用户体验与安全保障问题。在用户体验方面，有用户反映自己使用共享汽车的不愉快经历，“打开车门看到满车的零食袋子、瓜子皮啥的，从那之后再也不想用了”。“每次使用还车后，都要拍一堆照片，证明自己没有对车造成损害。”在安全保障方面，目前仍存在需要进一步完善之处，如用户在共享汽车平台注册时需要提供合法有效的身份证、驾驶证等材料，以证明自己具备驾驶资格。但在获得平台认证后的实际操作租车中，目前平台尚无法识别“承租人与实际驾驶人不一致”的情况，尽管有平台正在试验“人脸识别”等技术手段，但短时间内难以大规模推广使用。此外，对于驾驶人在注册会员后发生的驾照被扣分、暂扣甚至吊销等情况，目前平台也无法掌握实时更新的信息。

交通意外责任界定复杂。共享汽车一旦发生事故，往往涉及驾驶人、共享汽车公司、事故受损方等多方主体，事故责任认定过程也相对复杂。需要先后核验和鉴定车辆本身运行状况、驾驶人操作行为、事故受损方受损程度等，如果涉及账号借用，出借人也要承担相应责任。最终根据各方过失大小来判定负责赔偿的比例。据媒体报道，2017 年，一个驾照分被扣了 12 分的刚毕业大学生，借用朋友账号租用了一辆盼达共享汽车，发生交通事故，将位于车后的三人撞倒，其中一人当场死亡。该案受到了业界极大关注，如何界定平台企业、肇事当事人等相关责任面临许多需要考量的因素。

共享汽车企业还面临赢利难的问题。总体上看，目前大多数共享汽车企业都没有实现赢利，很大的原因在于其前期投入和运营成本较高，包括场地资源费用、车辆费用和线下运营费用等。从前期投入看，平台必须具备一定的车辆规模才能形成规模经济效应，提高运营效率，满足用户需求。但大规模的投放势必带来车辆购置、牌照保险、维修保养等成本的大幅上升，例如一辆中低端新能源车整车价格在 7 万 ~8 万元，购置税、牌照、商业保险合计 2 万元左右，每辆共享汽车上路成本接近 10 万元。运营过程中，车场站点的设置也是一笔巨大开支。目前国内共享汽车企业主流取还车方式是在固定站点取还。为了方便用户操作以及提高车辆周转效率，站点一般被设置在租金价格不菲的中心区域，同时还要配备相应的充电装置。更重要的是，大量的前期投入并不能快速回本和实现赢利。业内人士分析指出："每辆共享汽车日均收入超过 120 元才能实现赢收平衡，这意味着每辆车每日使用时长平均 4 小时以上。"当前这一目标对大多数企业而言还难以实现。

Q63 共享出行领域是否会形成"一家独大"的局面？

从长远发展看，通过一个应用入口多方面满足短途、中途乃至长途出行服务的业态融合，越来越成为一种趋势。一方面，尽管共享出行领域出现一家独大的平台并非必然，但也是大概率事件；另一方面，当前共享出行市场竞争激烈，不断有新的具有相当实力的竞争者入局，任何企业想获得"一家独大"的优势也并非易事。此外，共享出行领域市场未来发展态势，在很大程度上还受到资本力量的左右。

在共享出行这个领域，多数企业在发展初期都是从某个特定的细分市场切入的，并逐步建立起和巩固自身的竞争优势，如网约车领域的滴滴、共享单车领域的 ofo 小黄车和摩拜等。

随着市场竞争的日趋激烈，近几年共享经济企业出现了明显的生态化扩张和发展的趋势。就出行领域而言，网约车巨头企业滴滴已进入共享单车领域和共享汽车领域；共享单车企业摩拜已积极布局共享汽车，哈罗单车还推出了脚踏电单车共享服务。从企业战略层面看，并购成为企业进行跨领域拓展的主要途径之一。

无独有偶，在国内共享出行企业纷纷寻求多样化发展的同时，美国网约车公司优步也宣布了新的公司战略。据美国科技新闻网站 The Verge 报道，2018 年 4 月，优步总裁科斯罗沙西宣布了公司重大转型战略：优步将不再是一个简单的网约车工具，而将成为一个“多模式”交通出行服务商。未来消费者将能够通过优步软件获取丰富的交通服务，其中包括网约车、出租车、汽车租赁、共享单车，另外，用户也能够查询到公交、地铁等时间信息。在德国市场上，戴姆勒和宝马计划合并汽车移动业务，为用户提供一站式智能出行服务。根据联合声明，戴姆勒的 CAR2GO 部门和宝马的 DriveNow 部门将合并，合并后的公司将在全球 31 个主要城市拥有 2 万辆共享汽车、约 14 万名叫车软件司机、1300 万名用户以及超过 14.3 万个充电桩。

从长远发展看，通过一个应用入口多方面满足短途、中途乃至长途出行服务的业态融合，越来越成为一种趋势。人们不禁要问：共享出行领域会不会形成“一家独大”的局面？对于这一问题，要从不同角度分析。

一方面，共享出行领域出现一家独大的平台尽管并非必然，但也是大概率事件。一是因为共享平台具有一定的自然垄断，即在一个行业内，出于规模效应或者资产沉淀等原因，由一家企业进行生产或服务能实现最大的效率。二是因为巨头企业出于市场竞争与合作策略等方面的考量，极有可能出现更大规模的并购事件，从而推动形成“巨无霸”平台。

另一方面，当前共享出行市场竞争激烈，不断有新的具有相当实力的竞争者入局，任何企业想获得“一家独大”的优势也并非易事。尤其是 2018 年以来，共享出行市场上巨头企业之间的攻防竞争不断升级。不论是全球还是国内市场，共享出行领域新进入者不断地对曾经一度被看作“霸主”的企业发出挑战。在中国这一全球最大的共享出行市场，美团、高德向先行巨头滴滴出行发起了挑战。美团的打车业务最早于 2017 年在南京开启测试，2018 年 3 月 21 日进入上海，同日拿下了杭州运营资质，开始进行全国化的布局。据美团披露，其在上海 3 月 21 日当天即获得近 15 万个订单。3 月 22 日，订单量超过 25 万单，司机平均接单时长为 5 秒钟。在试点城市南京，美团打车已拿下超过 20% 的市场份额。王兴曾在公开场合表示：在出行领域美团虽然还是新玩家，但其目标是拿到 1/3 的市场份额。同年 3 月 27 日，原本专注于地图服务的高德地图宣布在成都、武汉两地上线顺风车业务，而且采用了新“玩法”——不以营利为目的，不抽取佣金，甚至还会为用户补贴短信通知、保险等服务费，有望吸引大量用户。2018 年 4 月 3 日，携程宣布在天津获得“网络预约出租汽车线上服务能力认定”，也进入了共享出行领域。当然，共享出行不仅是互联网公司争夺的焦点市场，很多传统汽车生产商也十分看好这一领域的前景。

此外，与其他领域一样，共享出行企业之间的竞争与合作策略选择，在很大程度上还受到资本力量的左右。目前，每个巨头企业背后都拥有一个庞大的资本团队，这一团队几乎涵盖了世界范围内大部分顶尖的投资机构。过去几年间，软银在共享出行领域进行了大量的投资，2017 年 4 月和 12 月，滴滴先后完成 55 亿美元和超 40 亿美元融资，软银是主要投资方；2018 年 1 月，软银牵头的财团完成了对优步近 90 亿美元的投资。此外，软银还投资了印度 Ola、东南亚 Grab、巴西 99Taxis、欧洲 Taxify、中东 Careem 等共享出行企业。2018 年 3 月 30 日，英国《金融时报》消息称，优步正在和印度网约车公司 Ola 进行业务收购或者合并的谈判，促成 Ola 和优步在印度进行合并的，是双方的大股东日本软银集团，甚至市场上有传言软银还将促成优步和滴滴的全球合并。共享出行领域市场未来发展态势，资本的力量不可小觑。

Q64 其他国家如何对网约车进行监管?

很多国家如美国、英国、加拿大、日本、新加坡、印度等近年来出台了网约车管理办法，对网约车的监管外松内紧，在肯定网约车运营的合法地位的同时，也对从事网约车经营的平台、车辆、司机以及相应的服务标准、价格制定、保险等多个方面进行了全面而严格的界定，保障网约车行业逐步走上规范化运营。

目前，国外对网约车监管态度主要有三种：一是出台了较为具体的管理办法，如美国、英国、新加坡、日本、印度等国家对网约车的监管外松内紧，对平台、车辆、司机、服务、价格、保险等多个方面都制定了较为详细和严格的规定，保障网约车的规范运营；二是严格禁止，主要集中于欧洲地区，如西班牙、德国等；三是观望态度，给新业态的早期发展预留出足够的时间，如俄罗斯、澳大利亚等国家对网约车的态度相对宽松，暂时未出台明确的管理办法。以下主要介绍已经出台相应管理办法的国家是如何对网约车进行监管的。

在美国，网约车公司被正式命名为交通网络公司，与传统的出租车公司相区别，包括首都华盛顿哥伦比亚特区在内的至少 23 个州都承认网约车合法。美国网约车监管内容首先要考虑网约车的性质，到底算是科技软件类公司，还是应该算出租车公司呢？如果算出租车公司，是否也应遵守当地的出租车行业的监管，缴纳牌照费和相应的保险费？其次，考虑的是为网约车公司提供服务的司机，应该算作独立的业务承包商，还是公司的正式员工？如果是正式员工，公司需要为其缴纳医疗保险和社会保障金等诸多福利。对于这些问题，美国各州有不同的态度和细则，部分州和城市虽然承认其合法性，却要求平台遵守与传统出租车公司完全相同的监管措施。例如，网约车运营企业需向监管部门购买一种特用于“交通网络公司”的运营牌照。在加州需要花费 1000 美元，许可有效期为 3 年，到期后可续期，费用为 100 美元。私家车辆接入平台提供服务之前，必须依照规定进行 19 个车辆部件的全面安全检查。此后，公司有义务确保车辆每年进行这样的检查，并保留检查记录以供审查。对用于可接入网约车的私家车的车型也做了限定，禁止重度改装的车辆用于网约车运营。

在英国伦敦，监管机构对于网约车平台公司、车辆和司机都设置了相应的准入门槛，想要私家车从事载客，司机本人运营的车辆需要向交通局申请执照，申请者还必须通过一项关于有关伦敦地形路况等信息的测试，交通局还规定，获得执照的司机，必须佩戴相应的徽章，且必须无偿搭载残疾人。在具体监管中，伦敦采纳政府监管平台、平台约束司机的监管模式。伦敦交通局设有检查专员，每年不定期对平台公司进行合规检查，检查内容涵盖平台公司是否购买了保险，车辆和司机信息是否正确，甚至包括乘客遗落财物的处理情况等信息。

在法国，网约车服务属于一种成本较低、适合普通大众的低端专车服务，普通私家车的车主，即使没有出租车的牌照，也可以申请成为专车司机，为优步提供接送客的服务。2016 年 1 月，法国国会下议院批准了有关网约车的新法案。该法案明确，网约车在法国只能以 10 座或者 10 座以上进行运营。此举实际上是变相禁止了多数网约车的运营权利，保护了出租车的客源。

印度对网约车的监管可谓十分严格。2015 年 10 月，印度交通部发布了《网约车监管指导意见》，网约车平台的所有车辆不能巡游揽客，载客的私家车辆必须拥有在运营区域的营运许可，包括第三者责任险的商业保险、车辆定位设施、通用认证计量设施。同时，车辆必须携带急救箱，地方有要求的应安装紧急安全按钮。此外，这份指导意见还规定，联邦政府或监管机构可以制定最高限价。

在新加坡，2014 年政府开始对网约车实施监管，规定也极为严格。在证件方面，所有提供网约车服务的司机必须持有出租车驾照，且注册为出租车，并获得陆路交通管理局的资格证书，有效期为3年。在提供服务时，司机需提前向乘客详细说明起步费、里程、时间和预约费，以及高峰时段的附加费等，且预约费不能高于出租车。一年之后，又新增了不得在道路、停车场或公共站点拉客揽客，合乘的发生必须是司机的顺路行为等规定。不过，随着网约车优势的展现，新加坡政府的态度发生了变化，开始由严转宽。

在日本，网约车的发展受到很大限制，主要在于日本对出租汽车公司的设立和运营的管理非常严格，必须通过烦琐的申请和审查，在符合了众多规定，又经过国土交通省或地区分支机构审查批准后，才能获得营业执照。同时，对个人的出租汽车运营设置的规定更加严格。因此，日本法律规定，没有取得营业执照的车辆和没有驾驶营业车辆资格的人，不得载客运营，所以网约车平台不能提供私家车载客服务。

在巴西，网约车公司需获得网约车运营许可证，从事网约车运营的司机需要持有市政出租车司机注册证明或类似的由市政机关管理的注册证明、通过市政机关要求的最低限度的培训课程的证明、覆盖乘客事故和强制险的保险证明等材料。

Q65 如何看待“网约车新政”？

2016年7月28日，交通运输部等七部委联合发布《网络预约出租汽车经营服务管理暂行办法》（以下简称《暂行办法》），规定于 2016 年 11 月 1 日起正式施行。该《暂行办法》也被称为“网约车新政”，共分七章四十条，涵盖网约车平台资质、车辆和驾驶员资格、网约车经营行为、监督检查和法律责任等内容，旨在更好地满足社会公众多样化出行需求，促进出租汽车行业和互联网融合发展，规范网络预约出租汽车经营服务行为，保障运营安全和乘客合法权益。

为落实《暂行办法》的具体要求，各地主管部门因城施策制定了具体的实施细则。交通运输部公布的数据显示，截至 2017 年 7 月 26 日，除直辖市外，河南、广东、江苏等 24 个省份发布了网约车实施意见；北京、上海、天津等 133 个城市已公布了出租汽车改革落地实施细则，还有 86 个城市已经或正在公开征求意见。其中，直辖市、省会城市、计划单列市等 36 个重点城市中，有 30 个已正式发布实施细则。已正式发布或公开征求意见的 219 个城市覆盖网约车市场份额超过 95%。

网约车作为共享经济的典型业态，交通运输部《暂行办法》的出台明确了其合法地位，对提升网约车服务水平、规范产业发展具有重要意义。但一些地方实施细则中的个别条款存在过于严苛的倾向，对行业创新实践及就业促进作用造成了一定影响，从长远来看，并不利于共享经济的健康发展。

网约车新政的发布意味着我国成为全球首个“网约车合法化”国家，表明政府在促进民生方面有着更强有力的推动力、解决力和包容性。《暂行办法》对驾驶员的驾龄、交通安全文明驾驶记录以及重大暴力犯罪记录等也做出了严格要求；规定网约车必须具备相应保险，并在运营服务中实现保险全覆盖；要求建立对平台、司机的服务评价和监督反馈机制等。从服务质量、技术标准、意外保险等多方面基本构建起一整套多层次有效把关的安全网，兜住了安全、规范的底线，有利于维护乘客、司机的人身和财产安全，意味着网约车新业态有了合法、安全、规范发展的制度保障。

地方实施细则与中央政策鼓励态度存在错位，“约车难、约车贵”问题重现，大城市情况更为突出。各地管理细则出台之后，一些城市由于市场准入门槛提高，有些城市符合条件的网约车不足 10%，能够提供服务的车辆大幅减少，供需失衡必然导致打车难。滴滴出行的数据显示，由于快专车运力减少，应答率从 2016 年 10 月的 90% 降到 2017 年 3 月的 50% 左右，乘客的出行体验大大降低 。2017 年 6 月，北京、上海、广州、深圳四大城市早晚高峰打车难度同比分别增长 12.4%、17.7%、13.2%、22.5% 。地方管理细则实施以后，北京、上海、南京、厦门、太原、深圳、郑州、沈阳等 30 个城市平均接单时间明显延长，个别城市接单时间延长 4~5 倍。2017 年 6 月，北上广深早晚高峰与夜间时段的“约车难”均有不同程度增加，其中深圳早晚高峰打车难度上升幅度最大，增幅为 22.5%；而北京夜间打车难度上升幅度最大，增幅为 17.9%。大城市“约车难”的问题更为突出。

从总体上看，各地出台的实施细则带有明显的以传统出租车管理的思路来管理网约车平台的色彩，限制性管理措施成为主导，企业的合规成本和行业的进入门槛都明显提高。网约车是近年来随着移动互联网、大数据等现代信息技术深化应用而出现的新业态，其在带来巨大的经济与社会效益的同时，也对传统的出租车管理制度和管理模式提出挑战。网约车管理如何在“规范发展与鼓励创新”两者间取得最大公约数，全球范围内还没有成熟的经验可以借鉴，我国的相关管理制度必然是在探索甚至试错中走向完善。

第八章

房屋共享：不一样的住宿体验

Q66 在线短租与酒店有什么不同？

Q67 在线短租的安全机制如何建立？

Q68 参与共享住宿的群体主要是哪些？

Q69 在线短租的地域分布有哪些特点？

Q70 在线短租面临哪些问题？

Q71 在线短租的发展趋势如何？

Q66 在线短租与酒店有什么不同？

与传统酒店相比，在线短租的供给主体更加多元化、服务内容更加多样化、用户体验更加社交化。通过共享平台可以降低房东、房客之间的信息不对称和交易风险，为房客提供更好的体验。C2C 模式是当前国内短租行业的主导模式。另外，与传统酒店业相比，在线短租的经营模式面临较大的法律不确定性与政策风险。

短租的美好时代来了。一千个远行者有一千个住宿需求，有的人喜欢价格合理，有的人更看重情怀，有的人喜欢满室鲜花，有的人喜欢开窗看海……随着互联网等新技术飞速发展、城乡旅游消费和服务的升级、个性化消费理念的流行，在线短租为越来越多出行的人提供了住宿新选择。

在线短租的房屋资源多种多样，可以是一间房，也可以是一套房，甚至是整栋别墅、四合院；可以是城市里的公寓，也可以是乡村小院。与传统酒店相比，共享住宿的供给主体更加多元化、服务内容更加多样化、用户体验更加社交化。通过共享平台可以降低房东、房客之间的信息不对称和交易风险，为房客提供更好的体验。成立于 2008 年 8 月的爱彼迎，经过 10 年的发展，已经成为一个覆盖全球 191 个国家和地区、81000 个城市的全球性共享住宿平台，它所创造的价值已经不仅仅局限于共享住宿服务，而且向更广阔的旅游业延伸，致力于推动旅游业健康、全面、可持续发展。小猪平台致力于挖掘房屋闲置资源，搭建一个诚信、安全的在线沟通和交易平台，为用户提供有别于传统酒店、更具人文情怀、更有家庭氛围、性价比更高的住宿选择，也帮助他们结交更多兴趣相投的朋友。2017 年小猪短租全年交易额达到 25 亿元人民币。截至 2018 年 3 月，小猪短租国内房源为 30 万套，海外房源为 5 万套，覆盖全球 620 个城市（225 个海外目的地）。

目前，C2C 模式的房源与市场规模约占国内在线短租市场的 80%。与传统酒店相比，C2C 模式是个人房屋所有者与房客之间通过平台进行直连，房客与房东在平台上完成预订、入住、评价等过程，平台自身不拥有房源，主要提供信息发布、身份认证、交易撮合、安全保障等相关服务。小猪短租致力于完善自身的交易和服务体系，提升用户的入住和安全体验，在平台、房东、房客、房源、交易体系、安全与风控等方面制定标准规范。目前，小猪积极推进房源验真、身份验证、上门实拍、智能门锁安装、“小猪管家”、“芝麻分”免押金、“花呗”支付、住宿旅客意外伤害保险与家庭财产综合保险等服务，全方位构建起小猪短租独有的共享住宿服务链条。

C2C 模式减少了信息传递、搜索和交易的中间环节，通过网络平台将碎片化的住房资源进行整合，满足房客的多样化需求，实现了住宿产品和服务的大规模、高效率供给。这种模式具有轻资产、扩张快等优势。当前，C2C 模式的赢利模式主要靠收取交易佣金，比例在 5%~15% 不等。一些共享住宿平台正在积极探索“广告 + 交易佣金 + 增值服务”的多元化收益模式。

短租行业管理的法律法规与政策不同。目前，酒店业已有消防法、食品卫生法、旅店业卫生标准、旅店业治安管理办法、特种行业许可证、旅游管理条例等相关法律法规的明确规范，并形成了相对完善的行业监管与政策体系。与酒店业不同，各种形式的短租业态缺乏明确的法律规范，也没有出台统一的管理办法，其法律地位仍然比较模糊，法律地位的模糊给共享住宿的行业管理规范带来了难题，该不该对短租进行规范、应当依照何种法律进行规范，以及如何规范等都是有待明确的问题。正是因为这些问题尚未有明确的答案，在很多地区，在线短租面临较大的政策不确定性。

Q67 在线短租的安全机制如何建立？

主要在线短租平台都积极推动安全机制建设，致力于保障交易安全、信息安全、财产安全、隐私安全等，提供“住得更安全”的住宿支撑服务，在身份验证、在线交易、入住保障、安全保险、信用记录和双向评价等方面取得一定成效，基本覆盖了选房、交易、入住、退租、评价的全流程。

安全保障对于共享住宿平台的发展至关重要。由于大多数房源都属于个人私宅，分散在各个居民小区、乡村村落，安全保障是平台建设的重点。

目前，主要的在线短租平台都积极推动安全机制建设，致力于保障交易安全、信息安全、财产安全、隐私安全等，提供“住得更安全”的住宿支撑服务，在身份验证、在线交易、入住保障、安全保险、信用记录和双向评价等方面取得一定成效，基本覆盖了选房、交易、入住、退租、评价的全流程。

在身份验证方面，平台一般会对房源进行实地探访、现场拍照，以保证房源真实存在并与描述相符，还会对房东本人的照片、手机号、身份证、银行卡进行人工审核，同时会保护好其个人身份及隐私；在房客入住前也会对入住者进行相应的审核，确保双向安全。

在支付结算方面，目前绝大多数平台都采取安全可靠的线上交易，使用第三方支付系统，房费一般由平台代管，退租确认无误后再支付给房东。

在入住保障方面，平台对房客可能遇到的虚假房源、无法入住、乱收费等情况设有应急预案，如给房客退还押金、提供赔偿、协调其他入住途径并补偿差价等；对于房东可能遇到的房客违约取消订单等情况，平台会合理扣除房客的部分预付款作为违约金补偿给房东，最大限度地弥补双方损失。住百家宣布首推 3D 全景看房功能，成为首家上线这一技术的非标住宿短租企业。

在保险安全方面，目前市场上的主流平台均为交易双方提供赔付基金或人身、财产保险等保障。例如小猪平台为房客提供最高保额 10 万元的住宿意外保险和最高保额 88 万元的家庭财产综合保险服务。

在信用记录方面，一方面，平台建立了基于自身交易信息的评价系统，通过双向打分、点评等机制，将信用记录与房源排名、优先权益挂钩；另一方面，平台还与第三方信用机构合作，根据信用水平为用户提供免押金、快速审核等服务。

在隐私保护方面，平台对个人信息披露设定严格的政策。根据严格的隐私保护政策，对于任何第三方提取用户有关信息的要求，均设有严格的书面审查和限制披露机制。

在智能设施方面，平台积极通过智能硬件设备提高安全性。一方面，应用新一代智能门锁嵌入智能芯片，用于识别人脸，并与身份信息在云端进行核对，确保入住人与预订人的统一；另一方面，在室内安装智能烟感器、水电与燃气探测器等设备，降低安全隐患。

此外，在网络安全方面，平台还实施了严格的数据加密制度，用人工智能技术对数据进行调取、分析和预警监控等。

Q68 参与共享住宿的群体主要是哪些？

千禧一代是共享住宿的主要用户群体。根据对主要共享住宿平台房东的调查，参与共享住宿的房东具有年轻化、高学历等特点，女性房东成为主力军；房客以单身年轻房客为主，收入处于中等水平，以学生、上班族、自由职业者等为主。

参与共享住宿的群体以“80后”和“90后”等“千禧一代”用户为主。我国“千禧一代”总计约有4亿人，他们更愿意选择个性化的住宿服务，也更加愿意共享自己的住房，从而为共享住宿贡献更多可靠房源。在爱彼迎和小猪平台上“千禧一代”用户占比分别约为83%和77%。

根据对爱彼迎和小猪平台的房东的调查，参与共享住宿的房东具有年轻化、高学历等特点，女性房东成为主力军。调查数据显示，房东平均年龄为33岁，大部分集中在28~38岁；70%左右的房东拥有本科以上学历，还有20%的房东有研究生学历；从房东职业来看，20%的房东从事的是艺术、设计和创意相关工作，有15%的房东从事IT行业，从事教育行业、金融业及制造业的房东比例都是10%；女性房东占比大约为60%，超过全球平均水平，西安、重庆、青岛、成都的女性房东数量增速最快，越来越多二线城市的女性也正积极加入房东行列。小猪短租的调查数据显示，小猪短租房东的特点是爱自由、喜欢交友、乐于共享，81.7%的受访房东表示“我更喜欢加入有共同兴趣爱好的圈子”，58.9%的受访房东表示“我经常通过网络渠道共享我的生活”，喜欢宅的小猪房东比例只有34.5%。

调查结果显示，参与共享住宿的房客以单身年轻房客为主，收入处于中等水平，以学生、上班族、自由职业者等为主。调查数据表明，18～30岁的房客占全部房客的比例超过70%，大约半数的房客入住频率为每年1～2次，单身房客占比约70%；从职业来看，学生占比约28%，上班族占比约27%，自由职业者占比约17%；从收入水平来看，月收入5000元以下的房客占比约50%，月收入5000~10000元的房客占比约35%。这些房客往往都善于交际，愿意尝试新事物，喜欢结交志同道合的朋友，共享自己的想法，是一群有想法、有行动力的“新生代”消费主体。

Q69 在线短租的地域分布有哪些特点？

北上广深是我国共享住宿行业的主流市场。根据小猪平台的数据，北上广深的房东、房源数量占全国总数的比例均超过 23%。成都、重庆、西安等二三线城市以其特色民宿文化、良好生态环境、个性住宿房源、高性价比服务优势等吸引了越来越多的差旅出行者入住。

近年来，我国共享住宿行业发展迅速，行业初具规模，业务创新不断涌现，安全保障措施日益完善，国际化步伐加快。市场整体处于快速上升阶段。2017 年，我国共享住宿市场交易规模约为 145 亿元，比上年增长 70.6%；参与者约为 7800 万人，其中房客约为 7600 万人；国内主要共享住宿平台的国内房源数量约为 300 万套。

北上广深等一线城市是我国共享住宿行业的主流市场。根据小猪平台的数据，北上广深的房东数量占全国总数的比例超过 23.1%，其中北京位居全国第一。在 2017 年爱彼迎国内房源入住房客量最多的城市中，上海、北京位列前三甲。北上广深由于空置房源多、住宿需求大、消费观念新、年轻人多，成为全国共享住宿行业率先发展起来的高地。

二三线城市市场快速成长。根据小猪平台的数据，成都、重庆、湖州、呼和浩特等二三线城市以其特色民宿文化、良好生态环境、个性住宿房源、高性价比服务优势等吸引了越来越多的差旅出行者入住。如成都的房东、房源数量占全国的比例均位居全国第三，仅次于北京、上海，分别为7.1%、6.0%。从订单量增长来看，一些热门的二三线城市共享住宿呈现爆发式增长，如2017年宁波增幅达750%，湖州增幅为680%，呼和浩特超过600%。

2017年小猪平台共享住宿业务的城市分布情况表

房东占比排名前十的城市		房源占比排名前十的城市		订单量增幅排名前十的城市	
北京	8.3%	上海	8.0%	宁波	750%
上海	8.2%	北京	7.6%	天津	700%
成都	7.1%	成都	6.0%	湖州	680%
重庆	4.6%	重庆	4.3%	福州	620%
青岛	4.3%	广州	4.3%	北海	610%
杭州	3.9%	三亚	3.9%	呼和浩特	607%
广州	3.7%	深圳	3.5%	重庆	520%
西安	3.3%	青岛	3.5%	长沙	480%
深圳	2.9%	西安	3.3%	昆明	450%
厦门	2.6%	厦门	3.2%	三亚	350%

Q70 在线短租面临哪些问题？

我国在线短租发展迅速，但总体上仍然处于市场培育阶段，其发展还面临着四个方面的问题：消费习惯制约市场培育、行业服务标准化亟须提速、相关法律法规有待完善、行业监管亟待创新。

近年来，我国房屋短租发展迅速，但总体上仍然处于市场培育阶段，既面临消费习惯、行业标准等自身发展不成熟的困难，也面临着法律法规、行业监管不完善的制约。

一是消费习惯制约市场培育。

根深蒂固的传统住宿观念使得用户不愿意尝试“房屋短租”服务。从需求端看，人们习惯把酒店旅馆作为出行住宿的首选，对房屋短租平台上展示的房源存在“房源真假、服务好坏、是否安全”等疑虑。从供给端看，许多房源所有者通常把房屋作为个人专享的隐私空间，即使闲置也不愿意提供给陌生人使用。无论是潜在的房客还是房东，由于对住宿共享新业态的认知还不够，不愿意跨出在线短租的第一步。

总的来看，受消费观念、消费习惯的影响，在线短租的市场培育进程相对缓慢。根据榛果民宿的数据，绝大部分用户仍然习惯选择酒店，只住酒店的用户占比约为 37.96%，更多住酒店、偶尔住民宿的用户占比约为 34.6%，选择只住民宿的用户占比约为 3%，更多住民宿、偶尔住酒店的用户占比为 12.89%。另外，由于房源分布分散、品质差异大、服务水平参差不齐，加上过度宣传、刷单刷评等问题，导致房屋短租的用户普及程度仍然较低。

二是行业服务标准化亟须提速。

2017 年 8 月，国家旅游局发布《旅游民宿基本要求与评价》，2017 年 10 月 1 日起正式实施。但上述标准主要是针对传统的旅游民宿，在线短租仍然处于缺乏标准的状态。

在线短租的特色是提供非标准化的住宿产品，一方面能够给房客带来多样化、个性化的住宿体验；另一方面也给硬件配置标准、服务提供标准带来了一定的挑战。由于房屋短租平台主要是撮合房东与房客交易的信息平台，线下的住宿服务主要由分散的房东个人承担，房东没有经过专业的服务培训，导致服务标准与设备配备缺乏保障。如传统酒店宾馆按照星级管理规范，有一整套行业通行的设施配备标准与服务提供标准，并接受有关部门的定期检查，而目前在线短租行业对房源的基本硬件设施尚无统一的配置标准，服务质量水平随房东和地域的差异而参差不齐。

不同于传统酒店旅馆的星级标准，在线短租的服务标准化不能牺牲掉个性化、特色化优势。所谓的服务标准化主要集中在房客与房东实名认证、双向评分机制、预订与入住流程管理、定价管理、支付流程管理、定期房屋保养、清洁服务、房屋维修、服务培训、安防设备、卫生设施、管家服务、智能家居设备等。尽管部分平台在上述服务标准化方面做出了积极探索，但在推进行业标准化方面亟须提速。

三是相关法律法规有待完善。

在线短租是“互联网+”、共享经济与传统住宿领域相结合的新业态、新模式，突破了传统房屋租赁业和旅馆业的传统商业模式，尽管在高效利用闲置房源、拓展收入就业渠道等方面发挥了重要作用，但其法律地位一直是各界争论的焦点。法律地位的模糊给房屋短租的行业管理规范带来了难题，该不该对房屋短租进行规范，应当依照何种法律进行规范，以及如何规范都是亟待解决的问题。正是因为这些问题尚未有明确的答案，在大多数地区，房屋短租的经营模式面临较大的不确定性与政策风险。

四是行业监管亟待创新。

行业监管需要多方面的创新。一是准入管理的创新。在有关部门的管理实务中，一般倾向视同旅馆业或者房屋租赁来管理房屋短租，如果参照旅馆业管理的话，房东需要向县级以上地方人民政府公安机关申请旅馆业特种行业许可证，提交工商部门核发的营业执照、公安消防部门出具的消防验收报告书、卫生许可证等。按照旅馆业的管理办法，房屋短租面临着“涉嫌变相经营旅馆业务”的风险。二是税收管理的创新。由于共享民宿法律地位不明，在课税对象、计税依据、税基税率、缴税程序等方面没有明确标尺。另外，大多数个人房东不具备开具发票的资格，房屋短租平台只能开具信息服务而非住宿服务的发票。三是权益保护机制的创新。尽管房屋短租平台承担的是房东与房客交易的信息服务功能，一旦房东与房客之间发生纠纷，平台、房东、房客以及相关管理部门的权责没有理清，尤其是出现人身财产安全问题时，会对房屋短租行业造成重大的负面影响。四是监管模式的创新。目前，现有的监管模式还不能完全适应房屋短租的特点与发展趋势，不同程度地存在重线下、轻线上、线上线下结合不足的情况，也不同程度地存在重传统、轻现代，数据智能手段投入不足的情况。

Q71 在线短租的发展趋势如何？

今后一个时期，在线短租将继续保持高速增长。到 2020 年，市场规模有望突破 500 亿元，行业分化重组将进一步加快，平台将加快布局“上山下乡”，包容审慎的制度与政策环境将基本形成，

民宿众筹将加速升温，“民宿+”将引领行业生态化潮流，行业服务标准化将逐步完善。

随着人们对在线短租认知度的不断提升，文旅消费群体的崛起，外部发展环境的进一步完善，在线短租的房源、用户及交易额将继续保持高速增长，行业并购重组步伐将加快。

在线短租的用户群体快速扩大。在线短租的发展主要归功于新一代消费群体的崛起，未来将有越来越多的“80后”“90后”“00后”参与其中，同时更多的“70后”“60后”也开始“尝鲜”。与此同时，我国中产阶层规模加速扩大给个性化、特色化的在线短租产品和服务带来了巨大的需求。

在线短租的房源规模快速增长。随着用户需求的不断细分，海滨、滑雪场等的度假屋，房车、树屋、蒙古包等特色房源都将进入市场。在线短租的覆盖区域也将不断拓展，无论是房源还是客源，都将从一线城市及旅游景区周边向二三线城市拓展，向特色观光农业地区、民族文化地区拓展。

国家信息中心发布的研究报告显示，到2020年，我国在线短租市场交易规模有望达到500亿元，参与共享的房源将超过600万套，房客数量将超过1亿人。中国有望形成全球规模最大、增长最快、发展最成熟的在线短租市场。

行业分化重组将进一步加快。在线短租是未来高成长性的蓝海市场，头部企业在加快业务拓展的同时，行业内部的并购重组步伐也将加快。爱彼迎推出 Trips 平台，打造一站式出行服务，为房客提供当地马拉松、出海打鱼、踏雪登山等服务。美团推出榛果民宿，以期以日常服务为切入口打通吃住行娱乐服务产业。新兴企业加快“跑马入场”。由于行业门槛低、入口效应强、市场蛋糕大、远期利润高，各大在线旅行社、互联网企业、房地产中介、地产开发商等一批企业将加快入局在线短租市场。如腾讯与长隆企鹅酒店跨界合作推出了 QQfamily 主题套房，网易严选推出了网易严选酒店，链家推出了民宿产品“自如驿”，部分传统房地产企业也推出了泊寓、草莓社区、壹栈等新型住宿产品，跨出了入局房屋短租行业的第一步，未来新入场企业的增加将推动房屋短租市场加快升温。

平台企业将加快布局“上山下乡”。2018 年 1 月发布的《中共中央国务院关于实施乡村振兴战略的意见》提出，“实施休闲农业和乡村旅游精品工程，建设一批设施完备、功能多样的休闲观光园区、森林人家、康养基地、乡村民宿”，“发展乡村共享经济”，助力乡村振兴。在小猪“乡村美宿”计划等头部企业的带动下，未来会有更多房屋短租平台将布局农村旅游民宿市场，开辟房屋短租新蓝海、培育乡村振兴新动能。未来在乡村民宿的基础上开发农村美食、观光农业、体验农业等市场潜力巨大，以在线短租为基础的乡村旅游经济体、田园经济综合体将有望形成较大市场规模。

民宿众筹将加速升温。目前，一些众筹平台已经敏锐地捕捉到了在线短租与众筹市场的发展新趋势，开始探索民宿众筹，多彩投、众筹网、蚂蚁短租、京东众筹等多家平台开始布局民宿众筹项目，有的转型成为民宿众筹的综合服务商。经过在线短租的市场培育，随着众筹行业的规范发展，未来民宿众筹有望迎来快速发展。

"民宿+"将引领旅游生态化潮流。"民宿+"将与旅游深度融合，平台将充分利用民宿的区位优势和资源优势，与周边的旅游资源融合发展，共建旅游度假乃至旅居的目的地。未来，"民宿+"还将与特色增值服务融合，平台将充分利用其积累的用户消费行为、选择偏好等大数据资源挖掘相关社交、健康、养老、房车露营和文创产业等增值领域，开发"私人订制"类的业务和主题产品。行业服务标准化不断提升。随着行业竞争日趋激烈，服务标准化是平台企业扩大市场规模、提升服务质量的必然趋势。头部企业有望协作共同制定行业性的服务标准，从实名认证、预订入住、预付支付、安全卫生、隐私保护、商业保险、智能门锁等重点流程、核心环节规范房屋短租的各项服务。除了企业的标准化实践外，行业组织也将在推进服务标准化方面发挥重要作用。

政策环境不断完善。在国家层面，将基本形成"鼓励创新、包容审慎"的监管取向与政策框架，多部门协同监管机制逐步建立；在地方层面，针对行业发展的创新实践，有望在试点示范、行业管理等方面出台地方性政策。

第九章

知识共享:“双创”大舞台

Q72 知识共享平台主要有哪些类型?

Q73 知识共享的用户特征有哪些?

Q74 知识共享面临哪些问题?

Q75 如何看待知识共享中的泛娱乐化问题?

Q76 知识共享平台将成为终身学习的重要渠道吗?

Q72 知识共享平台主要有哪些类型？

从所共享的知识技能的特点看，知识共享平台有如下几类：分享隐性知识为主、分享显性知识为主，此外还有趣味类知识的分享。不管哪种类型的知识共享，其未来发展潜力有多大，在很大程度上取决于其所能吸引的用户群的规模、能够为用户提供的知识消费收益和体验。

知识共享就是把个人或机构分散、盈余的知识技能等智力资源在互联网平台上集中起来，通过免费或付费的形式分享给其他人或机构，最大限度利用全社会的智力资源。

事实上，知识共享并不是近几年才出现的。如谷歌早在 2002 年就推出了“谷歌问答”，800 多名专家可以回答网民通过网页提交的各式各样的问题，每次服务收费 2 美元至 800 美元不等，谷歌平台每次收取 50 美分的佣金。近年来，在移动互联网，尤其是在移动支付等技术创新、人们关于知识消费理念的转变、互联网信息量过载引发的人们对高效获取有价值信息的渴望等多种因素的作用下，知识共享呈现出快速发展的态势。

2015 年 4 月，果壳网上线经验交流平台“在行”，被认为打响了国内知识共享的头炮。2016 年 4 月，问咖、值乎出现。5 月，“在行”的延续产品"分答"问世，并在短时间内成为"爆款"。几乎在同时，知乎 Live 面市；6 月，得到"李翔商业内参"、喜马拉雅 FM"好好说话"推出……几乎每月都有知识付费产品出现，2016 年也被称为"知识付费元年"。

从总体上看，从分享的知识技能的特点看，知识共享平台大致有如下几类。

一是隐性知识共享。以分答、在行等平台为代表，用户提需求，专家通过面谈、电话交谈、语音模式等向用户提供服务，用户向专家付费。所共享的内容多以知识提供方的过往经验、知识沉淀、价值观所产出的非创作型、非结构化、非文本化的内容为主；共享形式上主要表现为浅度交流，需求者选定所需知识领域的专家并付费提问，知识提供者根据需求者的提问回答。

二是显性知识共享。在这些平台上，需求者提出明确的任务需求，例如，在道客巴巴任务平台上，寻求知识提供者分析自己的程序 BUG 原因所在、生活上某些困惑的解答、职场上具体问题解决经验等。从形式上看，显性知识共享的主要模式或载体多数是文档，这类知识共享平台也被看作一种从连接人与信息向连接人与服务转换的平台。让更专业的人来做专业的事情，是传统文档服务的产业链条的细分。

此外，还有趣味类知识共享。兴趣同实用一样是驱动人获取知识的两大动力原因之一，如以"值乎"为代表的收费阅读，类似网络文学收费阅读，都属于趣味知识共享。用户关注知乎公众号后，可以在微信朋友圈里分享自己的打码信息，而其他人必须付费才能看到，付费后觉得满意钱就归作者，不满意钱就归知乎官方。该类知识共享平台主要以兴趣推动，用户只对有兴趣的内容进行付费。

不管哪种类型的知识共享，其未来发展潜力有多大，在很大程度上取决于其所能吸引的用户群的规模、能够为用户提供的知识消费收益和体验。

Q73 知识共享的用户特征有哪些？

2017年，我国知识共享市场继续保持快速发展的态势，服务提供者大约为3550万人，参与用户大约为7亿人。参与知识共享的用户呈现规模大、年轻化、学历高等特征，但不同细分领域存在较大的差异。

2017年，我国知识共享市场继续保持快速发展的态势，参与知识共享的用户呈现规模大、年轻化、学历高等特征，但不同细分领域存在较大的差异。

在知识技能共享领域，其中知识付费平台、服务众包平台的服务提供者分别为700万人和2400万人左右；参与用户大约为7亿人，其中喜马拉雅等一批共享平台的用户达到亿级规模。

从服务提供者看，不同类型共享平台的服务提供者差别很大。在服务众包领域，以猪八戒平台为例，平台上集聚了来自25个国家和地区的

1300 万个知识工作者，为中小微企业提供个性化服务。在知识付费领域，以喜马拉雅为例，平台聚集了大量的音频内容生产者，包括媒体、出版社、教育培训机构、名人、明星、老师以及行业专家，还有 4000 多家第三方服务商。在网络直播领域，大约有 450 万各类主播，职业化的网红主播和自带流量的明星主播是直播市场最重要的服务提供者。

从需求侧看，需求群体主要是中小微企业，如猪八戒平台的需求主体是 700 万家雇主，其中绝大部分是中小微企业。在知识付费领域，平台的大部分需求用户是中产阶层，"小白中"（年轻人、白领、中产阶层）是知识付费产品的主要用户群体。有研究显示，从学历方面看，本科学历的知识付费人群大约占 63%，大专学历的人群占 21.3%。从性别方面看，知识付费人群中男性居多，得到、知乎、喜马拉雅和分答的男性用户占比分别为 61.2%、69.1%、51.5% 和 52%。从年龄方面看，以 20~24 岁为主，在得到、知乎和分答的用户中，20~24 岁的用户占比分别为 47.6%、53.1% 和 50.2%。知识付费人群主要关注财经、时事、理财、励志、人文类知识。

在网络直播领域，"95 后"用户参与度比较高，付费意愿强，倾向于娱乐综艺、竞技比赛等娱乐性较强的内容，对各类主播打赏的用户以一线城市居多。

Q74 知识共享面临哪些问题?

当前我国知识共享尚处于发展的起步阶段，主要面临四大问题：用户体验需要提升，社会大众对知识付费不乏“知识泛滥”“伪知识”等质疑；知识产权争议出现，版权保护不够；内容管控不力；配套政策有待完善等。

无论是服务众包，还是知识付费、网络直播，当前我国知识共享尚处于发展的起步阶段，在用户体验、产权保护、内容管控、配套政策等方面存在一系列亟待解决的问题。

用户体验需要提升。以知识付费为例，2017 年诸多知识付费产品遭到市场冷遇，社会大众对知识付费不乏“知识泛滥”“伪知识”等质疑。有调查表明，49.7% 的知识付费的消费者表示使用感受一般，12.3% 的表示不满意，付费产品复购率和打开率并不理想，知识付费产品的平均到课率仅为 7%，粉丝黏性最高的知乎 Live 复购率为 43% 。知识共享缺乏必要的内容准入机制、知识商品评价体系、售后保障机制等是导致用户体验欠佳的主要原因。

知识产权争议出现。各类知识传播新载体大量涌现，对于“知识”的版权界定相对模糊，保护力度还比较薄弱。如何做到最大限度地防止原创知识被抄袭传播，成为知识付费的主要瓶颈之一。网络版权保护也是服务众包发展的薄弱环节，如何对未中标的智力作品进行版权保护，如何防止自己的创意被他人窃取，成为众多创意众包亟待解决的问题。在创意设计众包中，发包方不同程度地存在双重身份欺诈、盗用非获胜方案和拒付赏金等不诚信行为；接包方存在涉嫌抄袭、一稿多投、重复投标等问题。在知识付费领域，知识产权侵权隐患也非常明显。

内容管控不力。知识共享亟须解决低俗甚至违法图片、语音视频等管控问题。以知识付费为例，传统的图片文字审核已经形成了比较成熟的技术与机制，但知识付费的兴起使得音频节目、语音问答、直播、短视频等新兴的知识传播载体得到应用，新的知识传播载体更强调互动性与即时性的知识内容传递，审核技术操作复杂，流程机制尚不成熟，传统的审查技术机制无法复用，无疑为知识分享带来监管风险。

配套政策有待完善。不同类型的知识共享的配套政策缺位既有共性的问题，也有特殊的表现。共性的问题是如何征税缴税、税基税率如何确定、劳动关系如何界定、社会保障如何界定等。以知识付费为例，平台与知识分享者之间不是传统雇佣关系，现行法律政策与司法实践对此种劳动关系界定还不清晰，平台企业对知识分享者不承担社会保障责任。特殊的表现各有不同，以慕课为例，慕课面临的最大难题是如何进行学分认证并得到社会认可，慕课学习获得的各类证书的可信度和含金量，是当前人们对慕课最大的质疑，慕课发展需要在课程评价体系、学习成果评价与认证制度、就业市场的认可度等方面大做文章。

Q75 如何看待知识共享中的泛娱乐化问题？

对于知识共享的泛娱乐化问题，要一分为二地看。一方面，娱乐化是大众文化消费的内在需求；另一方面，一些低俗甚至违法的内容也打着知识共享旗号进入，导致共享内容良莠不齐、鱼龙混杂。未来知识共享的发展，要更广泛地关注长尾用户，进一步推进从成本到体验的比拼，注重发展垂直细分领域的产品和服务。

知识共享在快速发展的同时，其“泛娱乐化”特征也引起了多方诟病。微信公众号、知乎 Live、分答等知识付费平台为了提高活跃度，更多地依托明星大 V 的娱乐性回答，网友询问明星、名人的隐私、八卦问题，更多的是出于猎奇心理，背离了知识共享平台的初衷定位，一些人给知识共享平台贴上了“知识噱头、网红实体”的标签，做出“知识付费，无关知识”的论断，既不利于用户通过知识共享平台获得专业性的知识信息与经验，也对众多拥有知识盈余的专业人士产生了挤出效应，高质量用户开始逃离。与此同时，各类网络直播平台的兴起，进一步促使了知识共享的泛娱乐化。

一分为二看待知识共享泛娱乐化。一方面，娱乐化是大众文化消费的内在需求，随着消费者主权的兴起，大众文化消费取代严肃文化消费，成为文化消费的主流，越来越多的消费者关注自己的个性化文化需求，喜欢有趣的、轻松的、轻知识的文化消费，也喜欢关注文体明星、偶像的信息，知识需求往往依托各种网红载体来实现，加上生活工作节奏的加快，快餐式文化消费、短平化知识需求成为大众消费的特点；另一方面，一些低俗、违法的内容也打着知识共享的旗号进入，导致知识共享行业良莠不齐、鱼龙混杂。

尽管知识共享平台在发展初期依靠大 V、大咖、网红迅速形成了市场影响力，但未来的发展潜力在于回归知识共享的本质。

一是要更广泛地关注长尾用户。知识共享要扶持真正扎根在各个行业但不太起眼的行家里手，最大限度地发挥连接价值与匹配功能，让拥有一技之长的普通知识技能人群加快能量释放。因此，知识技能共享将更广泛地覆盖长尾的草根用户，而不仅仅是少数头部大 V 用户，从头部用户到长尾用户打造更丰富的内容生产体系，帮助用户利用碎片时间进行持续连贯的学习。

二是进一步推进从成本到体验的比拼。知识共享的竞争，核心是比拼是否符合用户的学习特点、阅读心理与消费习惯等，一方面是学习成本竞争，平台竞争的焦点将是最大限度地帮助用户节省时间、降低学习门槛和成本；另一方面是用户体验竞争，平台竞争的焦点是最丰富快速地满足人们消费知识内容的需求。

三是注重发展垂直细分领域的知识共享。艾媒咨询的数据显示，66.7% 的用户更愿意就专业领域疑难问题进行付费问答，43.3% 的手机网民表示更在意平台的专业性。垂直类知识共享平台更容易实现专业资源和流量的聚焦，从而获得用户对于品牌的信赖。未来的知识共享将在垂直领域深度渗透，如教育、金融、医疗、科技等领域将迎来知识技能共享的大浪潮。

随着知识网红的不断涌现，各垂直领域在内容储备、用户积累和社区化构建方面将加速发展。知识付费正从起初火爆的商业财经、技能培训等热门领域向更多更丰富的细分领域扩展，内容的深度化、垂直化成为知识共享发展的趋势。

Q76 知识共享平台将成为终身学习的重要渠道吗？

相对于传统教育模式，知识共享具有学习方式灵活、学习内容丰富、学习渠道普惠等明显优势，能够更好地满足用户终身化、跨界化和碎片化学习的需要。知识共享平台有望成为人们终身学习的重要渠道，越来越多的知识共享产品与服务将涌现，越来越多的教育机构、互联网企业进入知识共享行业，将进一步为用户提供优质的学习服务。

知识共享平台为用户提供了丰富的知识内容，能够有效满足用户的知识需求。喜马拉雅平台拥有 500 万名主播，提供总计 328 个小类的 6000 万条音频，内容涵盖商业、外语、音乐、亲子、情感、有声书等 16 个类目。得到平台上线 25 个付费专栏，内容涵盖职场、理财、教育、艺术等多个领域。知乎 Live 平台是以直播讲座的形式满足用户的多样化知识需求，内容涵盖生活方式、音乐、影视、游戏、体育、互联网、旅行等用户生活和工作的多个方面。除了喜马拉雅、得到、知乎 Live 等综合性知识共享平台外，还有一些专注于垂直领域专业性知识共享的平台，如豆瓣时间耕耘于文艺领域，为用户提供文艺知识内容。

相对于传统教育模式，知识共享具有学习方式灵活、学习内容丰富、学习渠道普惠等明显优势。随着社会经济发展水平和中产阶层群体的不断扩大，人们的知识需求发生了明显升级，学习也呈现出终身化、跨界化和碎片化特征，传统的出版阅读和学校教育已经无法满足，如何快速从爆炸的信息里获取具有价值意义的有效信息成为重要的学习需求，而知识共享平台较好地满足了这种新的学习需求。如喜马拉雅平台将专家、学者、行业精英等的专业知识、技能、经验及见解等知识打造成音频课程搬上共享平台，让广大用户可以获得优质的知识资源，充分利用碎片化时间进行自主学习。"一直播""秒拍"等移动视频平台可以为用户提供高质量的视频知识，方便用户学习。

知识共享平台有望成为终身学习的重要渠道。知识共享的第一阶段是解决认知的问题，可以帮助用户知道某个问题，第二阶段必然是瞄准解决用户更深层次的需求与问题，这些需求与问题往往只能通过线下的教育培训来解决。未来的知识共享必然走向线上知识共享与线下教育和培训相结合，轻量的碎片化的收费知识会成为线下教育转化的一个入口。一方面，越来越多的知识共享产品与服务将涌现。知识共享正从起初火爆的商业财经、技能培训等热门领域向更多更丰富的细分领域扩展，内容的深度化、垂直化成为知识共享发展的趋势。另一方面，越来越多的教育机构、互联网企业进入知识共享行业，进一步为用户提供优质的学习服务。

第十章

资金共享：金融服务创新与挑战

Q77 什么是共享金融？

Q78 相对于传统银行贷款，P2P网贷有什么特点？

Q79 网络众筹有哪些类型？

Q80 相对于传统的直接融资，网络众筹有什么优劣势？

Q81 相对于传统的保险，共享型保险有什么特点？

Q77 什么是共享金融？

共享金融是指人们通过互联网平台，利用手中的资金直接地参与借贷、投融资和保险等活动的一种新型金融活动方式。共享金融活动与传统金融活动有较为明显的区别：一是个人在共享金融活动中的参与是直接的，而在传统金融活动中的参与是间接的；二是传统金融的融资服务对象主要是大中企业，而共享金融活动的服务对象主要是个人和小微企业；三是传统金融服务繁杂、周期长、定价机制僵硬，而共享金融活动可以实现网上“一条龙”服务，而且定价机制更加灵活。

共享金融是指人们通过互联网平台，利用手中的资金直接地参与借贷、投融资和保险等活动的一种新型金融活动方式，是正在全球范围内快速兴起的科技金融以及互联网金融的一个重要组成部分。目前，共享金融主要有三种基本的业务形态：P2P 网贷、网络众筹以及共享型网络保险。针对这一分类，有少数研究者持有不同看法，认为 P2P 网贷以及 P2P 保险也可以理解为一种债券众筹，因而从广义上讲，这二者也可被纳入网络众筹的范畴。但对大多数互联网金融的研究者而言，习惯上将上述三种业务形态看成相互独立、特点各异的服务类型。

共享金融活动与传统金融活动有较为明显的区别，主要是：

一是参与方式明显不同。在传统的金融活动中，个人对金融活动的参与主要是通过传统的金融中介如银行、投资基金、证券公司、信托公司和保险公司等金融机构进行的，是一种间接参与。正是这些金融机构的中介服务，将资金的供给方与需求方联系起来。例如，商业银行吸收个人存款，而后贷给需要资金的公司和个人，证券公司则通过代理需要融资的上市公司的有价证券（主要是股票和债券），并将有价证券销售给投资者，保险公司通过设计和销售各种保险产品，以满足各种用户的保险需求。可以看出，没有金融机构的中介服务，个人就无法有效地从事放贷、买卖有价证券、投保等金融活动。但在共享金融活动中，个人则可以不经过传统的金融中介机构，而是通过互联网平台直接地参与到金融活动中。例如，一个人可以将自己的资金直接借给需要资金的其他人，也可以发起一个个人创业项目并通过互联网平台直接筹集资金，还可以通过互联网平台直接为其他人的汽车、房屋和借款提供保险服务。

二是融资服务的主要对象不同。传统金融机构虽然也为个人提供各种金融服务，如存取款、有价证券的买卖以及房屋、汽车等耐用消费品的抵押贷款业务，但从融资服务的角度看，传统金融机构的主要客户和服务对象是那些需要大额贷款、大额有价证券发行的大中型企业，以小额资金需求为主的个人创业者和小微业主，既难以在银行获得贷款，也很难通过证券公司发行有价证券为创业项目和企业融资。传统金融机构这种“嫌贫爱富、抓大放小”的特点，严重阻碍了个人创业活动和小微企业的发展。相比之下，共享金融平台的客户和服务对象主要是以小额资金需求为主的个人创业者和小微企业，那些有志于创业的个人可以非常便利地借助于互联网平台获取个人贷款，或者发起项目融资。

三是服务的灵活性不同。传统金融机构的服务程序繁杂、周期长、服务定价机制僵硬，并且通常都受到严厉的监管等。例如，传统的贷款活动需要填写大量的书面文件、较长的审核周期、相对固定的贷款利率和债券利率。另外，许多贷款项目都需要借款方提供抵押品。相比之下，共享金融活动可以在互联网平台上一条龙完成资金供需双方的信息发布、交易撮合、签约、资金划拨和实施等全过程。同时，在共享金融活动中，资金供需双方之间的价格随行就市，免抵押，可以更好地匹配交易双方的收益和风险。

Q78 相对于传统银行贷款，P2P 网贷有什么特点？

P2P 网贷是个人与个人之间通过互联网平台所进行的直接的借贷活动。P2P 网贷与传统银行借贷的不同主要是：一是债权债务关系不同，银行贷款中借款人与贷款人不发生债权债务关系，他们只与银行发生债权债务关系；二是获取贷款门槛高低不同，P2P 网贷较之银行更具普惠性；三是交易过程的便捷性不同；四是利率水平有较大差别；五是交易的风险有较大差别。

顾名思义，P2P 网贷就是个人与个人之间通过互联网平台所进行的直接的借贷活动。P2P 网贷起源于英美等发达国家，而后迅速扩展到全球其他国家。2011 年到 2015 年上半年，中国共享金融平台数量、成交量以及参与人数都经历了爆发式增长。从 2016 年开始，由于问题平台的大量出现以及有关部门的强力监管，正常运营的网贷平台数量持续大幅下降。

典型的 P2P 网贷运作模式是由网贷公司提供互联网平台，借贷双方在平台上自由竞价，撮合成交。在这一过程中，网贷平台的功能仅限于为借贷双方提供信息交互、信息价值认定和其他有助于交易完成的服务，并不实质性介入借贷的利益链条中。在 P2P 网贷活动中，平台与借贷双方之间不发生债权债务关系，债权债务关系是由借贷双方直接发生，网贷平台的收入主要来自向借贷双方收取的手续费。

P2P 网贷平台的这一运营模式决定了它与传统的银行借贷有很多不同。

一是债权债务关系不同。在传统的银行借贷服务中，借款人与贷款人分别与银行签订借贷合同，这意味着借款人与贷款人分别只与银行发生债权债务关系，二者之间没有直接的债权债务关系。而在 P2P 网贷平台上，借款人与贷款人之间直接签订借贷合同，从而也就直接发生债权债务关系。债权债务关系的不同会对风险的分担、利率、价格等产生巨大影响。

二是获取贷款门槛高低不同。传统的银行除了面向个人的少数消费抵押贷款外，极少会为个人提供小额贷款服务。同样，传统的银行也很少为小微企业提供小额贷款服务。但在 P2P 网贷平台上，个人和小微企业可以非常方便地获取贷款，因而普惠性是 P2P 网贷平台区别于传统银行的一个显著特征。

三是便捷性不同。传统的银行借贷流程烦琐、周期长，而且经常要求提供抵押品。而在P2P网贷平台上，交易的全流程，包括认证、记账、清算和交割等均可通过网络完成，借贷双方足不出户即可实现借贷目的，而且大多数情况下借方不需要提供抵押品。

四是利率水平有较大差别。普通银行的存款年利率只有3%甚至更低，理财产品、信托投资稍高一些，一般也在6%以下。而网贷产品的年利率在早期往往达到15%，甚至更高。最近两年，出于监管的加强和竞争加剧等方面的原因，网贷利率水平有一定的下降，但年度复合收益率依然高于普通理财产品的利率。

五是交易的风险大小不同。与传统银行稳健的经营相比，P2P网贷所面临的交易风险极为突出：首先，是与“高收益、高风险”规律相一致，P2P网贷中贷款者对高利率的追逐以及借款者不受抵押物限制的特征，使得交易的违约风险异常之高，其结果导致平台倒闭和跑路现象频繁发生。其次，是P2P网贷平台的信用风险极高。由于传统的银行拥有充裕的自有资金和严格的准备金监管制度，其信用风险相对较低。相比之下，大多数网贷平台由于固有资本较小，无法承担大额的担保，因此，一旦出现大额贷款的违约问题，平台就难免出现关张跑路的现象。最后，是相对于银行严格的外部监管和内部风险控制机制而言，P2P网贷平台面临的内外部监管都要宽松得多，这也容易导致各种欺诈行为的发生。

Q79 网络众筹有哪些类型？

网络众筹是指通过互联网平台，为筹款项目的发起者和支持者双方提供信息发布和交流、审查以及交易达成所需的服务，以实现资金募集的活动。网络众筹的类型很多，主要有：捐赠型众筹、奖励型众筹、债券型众筹、股权型众筹和房地产众筹等。

网络众筹是指通过互联网平台，为筹款项目的发起者和支持者双方之间提供信息发布和交流、审查以及项目达成所必需的相关服务，以实现项目所需资金募集的活动。网络众筹的鲜明特点就是众筹对象的多样性、发起者的多样性以及目的的多样性，这种多样性也使得众筹的类型多种多样，千差万别。

目前，在行业内部流行着两种众筹分类模式。一种是按消费和投资两种用途，对网络众筹模式进行划分，分为购买模式和投资模式两大类。其中，购买模式又可进一步细分为捐赠众筹和奖励众筹两种。另一种是按具体对象将网络众筹进行细分，主要有捐赠型众筹、产品型众筹、债券型众筹、股权型众筹和房地产众筹等类型。上述两种分类模式大同小异，并无实质性差别。例如，债权、股权、房地产等类型的众筹也都是基于投资目的，因而也可归于前面的投资模式。

这里按照第二种模式的分类对每种模式的主要特点加以简要介绍。

——捐赠众筹。捐赠众筹也被称为公益众筹，是一种出资者对项目或者机构进行无偿捐赠的模式。其运作方式一般是：为了助学、助老、助残、关爱留守儿童等公益性、非营利性活动等目的，捐赠发起方通过众筹平台向潜在的捐赠者发布筹款项目，之后通过平台募集资金，并将募集到的资金划转给捐赠发起方。

——奖励众筹。奖励众筹也被称为产品型众筹，是一种出资者对项目或机构进行投资以获得产品或服务的模式。其运作方式一般是：项目发起方在平台上发布创意，在项目还没有完全开始的情况下就完成筹资，而后依靠筹集的资金完成产品的生产或服务，最后以产品和服务回馈给投资者。产品众筹的产品从智能硬件、产品设计、科技发明、音乐影视、食品，到漫画、出版、游戏、摄影，可谓五花八门，无奇不有。

——债权型众筹。债权型众筹是指出资者对项目或公司进行投资，获得一定比例的债权，并在未来获取利息收益并回收本金。其运作方式一般是：在债权众筹平台的协助下，投融资双方约定借款的种类、币种、用途、数额、利率、期限、还款方式、违约责任等内容。

——股权众筹。股权众筹也被称为“私募股权互联网化”，指出资者对项目或公司进行投资，获得一定比例的股权，并在未来获取股票红利。其特点是在股权众筹平台的协助下，投融资双方约定股权数量、价格、投票权和责任等。股权众筹还可以根据运营模式的不同进一步细分，分别是：凭证式众筹，出资人付出资金取得凭证，该凭证又直接与股权挂钩，但投资者不成为股东；会籍式众筹，是指在互联网上通过熟人介绍，出资人付出资金，直接成为被投资企业的股东；天使式众筹，出资人通过互联网寻找投资企业或项目，付出资金成为该公司的股东，同时有明确的财务回报要求。

——房地产众筹。房地产众筹是近年来才出现的一种热门的众筹类型，是指依靠房地产众筹平台，通过发起住宅地产、商业地产及民宿、旅游地产等各种类型的不动产项目，面向大众筹集开发资金。由于房地产众筹是多人投资一处房地产，加之房地产不可切分的物理属性，这一模式也可以理解为共同拥有，并共同获取房产收益的一种模式。

Q80 相对于传统的直接融资，网络众筹有什么优劣势？

相对于传统的直接融资方式，网络众筹既有优势，也有劣势。优势主要有：融资门槛低、融资方式灵活多样、强大的沟通能力和融资交易的便捷性。劣势主要有：融资活动风险较高、平台内部风控能力较弱、存在法律和体制方面的风险。

公司常用的融资方式有两种，一种是银行信贷方式，另一种是直接融资方式。直接融资方式复杂多样，并且高度依赖提供直接融资服务的各种中介机构，如证券公司、私募和公募基金、信托公司、风险投资基金、养老基金、对冲基金等。没有这些庞然大物般金融机构的中介作用，商业公司就很难高效地在资本市场上募集资本。对于传统的直接融资方式而言，网络众筹是一种更加开放的方式，而且通过众筹平台的相关服务，投资方和被投资方之间可以更直接地联系和进行交易。

相对于传统的直接融资方式，网络众筹的优势主要有以下几点。

融资门槛低。对于传统的直接融资机构主要面向资金需求量较大的大中型公司和项目而言，众筹平台更多面向的是小额资金需求的个人创业者和小微公司。在众筹平台上，一个人无论其身份、地位、职业、年龄、性别如何，只要有受人欢迎的想法、有创造力的创意都可以发起众筹项目。上述特点意味着网络众筹具有普惠性、草根性和亲民性，人人都可以有机会参与融资活动中，从而众筹平台成为万众创新、大众创业的一个重要支撑平台。

众筹方式多样性。传统的直接融资机构更多的是为成熟的公司和项目提供融资服务，很难满足数量巨大、种类千千万万但处于创意阶段的项目的融资需求。在众筹平台上，无论是各类新奇的智能产品、手工艺品、文化用品、视音频产品等，还是股权、债权、房地产开发等，都可以发起众筹项目。

强大的沟通能力和交易的便捷性。在传统的直接融资中，融资双方之间的沟通也依赖于投资机构的中介作用，不同的投资者之间的交流相对缺乏，交易过程也更加复杂。而众筹平台则提供了更高效的沟通渠道，极大地方便了投资者更快地获取项目信息、对大量的项目进行评估、遴选，也极大地方便了投资者之间的信息交流，从而加快项目谈判和达成交易的进程。

虽然，网络众筹相对于传统的直接融资有诸多优势，但与传统的直接融资机构稳健的经营作风和对风险的严格控制相比，网络众筹所面临的交易风险更高、内部监管规范性低以及体制性风险更为突出。主要是：

网络众筹风险高。由于平台上投资者对高收益率的追逐以及发起者的道德风险，使得众筹交易的违约风险比传统的直接融资机构高得多，其结果众筹平台倒闭和跑路现象也比传统的直接融资机构频繁得多。

网络众筹平台风险控制能力不足。对于传统金融机构严格、规范、专业化的外部监管和内部风险控制机制而言，众筹平台的风险控制机制相对缺失，主要表现是项目审核机制有失规范、参与主体包括平台专业能力不足、资金链运作不规范、退出渠道不畅等。上述问题使得众筹平台上各种欺诈行为的发生频率要大大高于传统的直接融资机构。

体制和法律方面的风险。由于传统金融机构的发展历史源远流长，已经形成了十分完备的监管体制和法规体系，金融机构的金融行为有章可循。但是，包括网络众筹在内的共享金融的监管和法规方面则很不完善。规则的缺失和不完善，势必带来体制和法律方面的风险。例如，网络众筹与非法集资在形式上具有高度的相似性，从而产生非法集资的法律风险；又如，众筹的投资人数量较大，往往与《中华人民共和国公司法》规定的股东人数限制相冲突，导致投资人寻找代持者以成为项目的隐名股东，也会引发法律风险。

Q81 相对于传统的保险，共享型保险有什么特点?

共享型保险是传统的保险业务与互联网技术和共享经济模式融合创新的结果。目前，共享型保险主要有两种，分别是 P2P 保险和网络互助型保险。相对于传统保险，共享型保险的优势主要有：降低了投保费率、降低了用户之间的信息不对称性；劣势主要有：风险难以控制、参与率和规模受到严格限制。

共享型保险是共享金融活动中一个新兴的服务类型，是传统的保险业务与互联网技术和共享经济模式融合创新的结果。尽管传统保险业的品种和服务种类繁多，形式多样，规模庞大，但就共享型保险而言，则是新生事物，尚处于起步期，面向市场服务的品种和模式也较少。目前共享型保险主要有两种，分别是 P2P 保险和网络互助型保险。

——P2P 保险。P2P 保险与 P2P 网贷有着相似的一面，二者都是通过互联网平台进行个人与个人之间直接的金融交易活动。不同点在于：P2P 网贷进行的是个人与个人之间的借贷交易，而 P2P 保险则是个人与个人之间的保险交易。为了避免信息不对称性，P2P 保险往往与社交圈子相联系，其典型的运作方式是：参与 P2P 保险的每个成员都可以通过社交功能自行选择互相分担风险的成员，并缴纳一定的保险费用，由 P2P 保险平台保存。如果有人出险需要赔付，赔付的金额首先从与之建立互助联系的成员缴纳的金额中支出。如果这些成员缴纳的金额不足以支付全部赔付金额，剩下的费用就需要由 P2P 保险平台予以支付。如果没有人出险，那么小组成员会拿回部分费用，或留存作为下一年的保险费用。

——网络互助型保险。这是由一些具有共同需求和面临同样风险的人自愿组织起来的，是预交风险损失补偿分摊金的一种保险形式。其与传统保险的区别是：传统保险以全社会为对象，互助型保险则以互助团体内部成员为对象；传统保险以商业赢利为目标，互助型保险则以非营利为目标，但这一特征正在发生变化。

可以看出，共享型保险与传统的保险有较大的区别，既有一定的优势，也存在显而易见的风险。共享型保险的优势主要有以下几点。

保险费率低。传统的保险企业雇用了庞大的推销员队伍，从而带来了高额的营销成本，这些成本都会转嫁给投保者，导致用户投保费居高不下。相比之下，高度依赖互联网和社交媒体的共享型保险平台，极大地节约了保险营销成本，也就降低了用户的投保费用。

减少了信息不对称性。共享型保险平台往往基于投资人（投保者）之间的社交化联系，这种联系减少了相互之间的信息不对称性，有利于减少道德风险和骗保行为的发生。同时，由于是否出险影响到每一个人的返还金额，加之社交化的熟人关系，共享型保险为相互间的监督提供了较强的激励动因。

共享型保险的劣势主要有以下几点：

风险难以控制。以大病医疗保险为例，在每个投保户所交费用水平相对较低的情况下，要使作为出险用户的大病患者获得高额的治疗费，就必须吸引更多的参与者，这也就意味着更多陌生人的加入。其结果就是虚假欺诈现象容易高发并难以控制，尤其是在高风险用户大量加入的情况下。而在传统的大病医疗保险中，这一风险的控制就要好得多。

覆盖范围受限较大。共享型保险的一个显著特征是高度依赖社交媒体和熟人网络，这就严重地限制了用户的参与率和规模。相比之下，传统的保险能够覆盖更大范围的群体，甚至是整个社会。参与率和规模上的限制不利于平台网络化效应的发挥，也严重影响了共享型保险平台的收益。目前，多数共享型保险平台尚未找到一个有效的营利模式，还有许多共享型保险平台因经营困难而倒闭。

第十一章

产能共享：共享经济下的制造业新生态

Q82 为什么说制造业有望成为未来共享经济的主战场？

Q83 共享经济能够帮助解决当前制造业的哪些痛点？

Q84 制造业产能共享有哪些特点和类型？

Q85 小微企业如何通过共享经济实现创新创业？

Q86 制造业产能共享需要哪些技术支撑？

Q87 我国制造业产能共享存在哪些问题？

Q88 制造业产能共享发展趋势如何？

Q82 为什么说制造业有望成为未来共享经济的主战场？

从长远发展看，制造业产能共享蕴含巨大机遇，有望成为未来共享经济的主战场。主要原因有四个：一是大力发展产能共享是我国推进制造业转型升级的迫切需要；二是大量企业已经开始布局产能共享，为未来的大规模和快速发展奠定了基础；三是制造业产能共享的基础设施将不断完善；四是未来几年相关政策支持力度有望不断加强。

尽管就当前发展态势看，我国共享经济创新最为活跃、对经济社会影响较大的多数出现在生活服务和消费领域，但从长远发展看，制造业产能共享蕴含巨大机遇，有望成为共享经济的主战场。

一是大力发展产能共享是我国推进制造业转型升级的迫切需要。

制造业作为国民经济的支柱，是科技创新的主战场。随着新一代信息技术普及与突破式发展，全球制造业正处于重塑发展理念、调整失衡结构、重构竞争优势的关键节点上，互联网与制造业的深度融合成为生产方式变革的重要方向，数字化制造开始向智能化制造跨越，为制造业转型发展注入了强大动力。

从国际上看，美国、德国和英国等发达国家都在抢抓新一轮工业革命发展机遇，分别颁布了《先进制造业国家战略计划》《工业 4.0 战略》《工业 2050 战略》，围绕核心标准、技术、平台加速布局工业互联网，构建数字驱动的工业新生态，制造业国际竞争日趋激烈。

面对新一轮制造业革新，作为全球制造大国的中国既面临巨大发展机遇，也面临严峻挑战，共享经济作为一种新业态、新模式，为制造业提供了转型新方向。

二是大量企业已经开始布局产能共享。

由于制造业本身的复杂性和特殊性，产能共享的发展需要企业相对较长时间的投入和准备。改革开放以来，中国制造业蓬勃发展，成为名副其实的“世界工厂”，并出现一批龙头企业，但是大部分企业处于全球产业价值链的中低端。随着劳动力成本的快速攀升、资源环境约束的加剧，以及产能过剩和供需错配等问题日益突出，粗放型扩张难以为继，制造业亟须向中高端转型。制造业产能共享能够优化资源配置、节约成本、促进产业链协同等，成为制造业企业转型过程中的重要抓手。

近几年，大量企业，尤其是行业龙头企业，已经以不同形式开始尝试和布局产能共享。以新型研发、生产、管理和服务为重点，建立基于互联网的制造业共享平台，聚焦产业链协同，开放自身优质资源并提供社会化服务，并帮助中小企业实现制造能力的整合。这些布局成为未来制造业产能共享快速和大规模发展的重要基础。

三是相关政策支持力度有望不断加强。

党的十九大报告明确提出：“加快建设制造强国，加快发展先进制造业，推动互联网、大数据、人工智能和实体经济深度融合，在中高端消费、创新引领、绿色低碳、共享经济、现代供应链、人力资本服务等领域培育新增长点、形成新动能。”制造业产能共享是深化制造业与互联网融合发展的重要内容，受到高度重视，发展前景广阔。

从实践层面看，我国制造业产能共享刚刚起步，从政府的政策到企业实践都处于探索阶段，有些领域的政策需要细化和落地，有些领域还需要明确的政策引导。随着认识和实践的不断成熟，鼓励和规范发展的指导意见、发展规划、试点示范等相关政策有望出台。

Q83 共享经济能够帮助解决当前制造业的哪些痛点？

一是降低制造环节的交易成本，提高劳动力、资本、技术、管理等要素的配置效率，提高产业供给的能力和水平，拓展产业发展空间。二是在更大范围内调度未充分利用的制造资源，更好地匹配供需双方，缓解制造企业淡旺季产能失衡问题。三是推动孤立、分散、低价值、低效率的制造业体系向完整、高价值、高效率的制造业体系转型，扩大有效和中高端供给。四是降低生产投入成本，提高中小微企业创新创业活力。五是改变制造业的运行模式，消费者成为生产制造过程的深度参与者，满足个性化需求，解决库存与积压难题。

中国制造创造过令全世界瞩目的奇迹，通过标准化的流程，向全世界输出了大量的优质产品，但随着全球经济过剩，市场日益复杂，制造业企业的日子越发艰难：传统制造业的线下交易环节众多、过程复杂，企业间的交易成本非常高，导致企业业务扩展难，流通效率低；淡季时订单不足，劳动力、设备等闲置率高，旺季时生产压力大，劳动力供应紧张，生产成本加大；产品附加值、技术含量、创新性低，依靠传统的流水线作业和人口红利已经不能维持中国制造业昔日的辉煌，提升中高端产品的供给，促进产业结构调整已经迫在眉睫。

面对亟待转型的制造业，近两年来国家开始大力鼓励发展面向制造业的共享经济。中国是制造业大国，也是互联网大国，如果能够把两个优势叠加起来，将形成叠加效应、聚合效应和倍增效应。在个性化和多样化需求日益凸显的今天，共享经济对推动中国传统制造业生产体系的重构，可能会产生多维度影响。

一是降低制造环节的交易成本，扩展产业发展空间。在共享经济模式下，制造体系中研发、设计、制造、运输、服务等各个环节都将汇聚在共享平台上，大规模用户的参与加上生态化运营，减少了制造过程中各个环节的制约，以及企业之间、供应链之间、各个环节之间的交流成本，极大地降低了交易成本，提高产能利用效率，并进一步提高劳动力、资本、技术、管理等要素的配置效率，提高产业供给的能力和水平，为经济增长持续注入新活力、新动力，拓展产业发展新空间。

二是缓解制造企业淡旺季产能失衡问题。制造业产能共享能够在更大范围内调度未充分利用的制造资源，更好地匹配供需双方，降低旺季生产成本，帮助企业更好地应对淡旺季需求波动问题。例如，蓝树叶服饰公司是广州的一家服装生产加工企业，原本只拥有 2 条生产线、70 多台机器，依靠传统客户资源，生产线利用率只有 50%~60%，且生产周期不稳定，在服装行业销售淡季的 6 月、7 月、8 月，企业生产线几乎处于停工状态。但如今通过淘工厂平台，企业将生产线空闲档期提前发布在网络平台，客户资源遍布全球，可以做到生产“淡季不淡”。两条生产线的利用率几乎提高一倍，以前一年产量 40 万件，现在每年生产量翻番，收益也实现翻番。

三是重构传统制造业生产体系，推动产业结构升级。共享经济本身拥有的开放性、个性化、灵活性、合作性等特征，能够推动当前中国孤立、分散、低价值、低效率的制造业体系向完整、高价值、高效率的制造业体系转型，尽可能地减少无效和低端供给，扩大有效和中高端供给，提高全要素生产率，构建新型制造体系，推动产业结构升级。

四是降低生产投入成本，提高中小微企业创新创业活力。一直以来制造业的进入门槛高是因为它需要大量的前期投入成本，一家制造企业若想成立，需要购置或租赁土地、兴建厂房、招募工人、购买设备等，加上如今智能制造的发展，企业智能设备的购置、信息管理系统的搭建等更是一笔高额的成本。一旦企业失去订单，这些资产的维护对于中小制造企业来说无疑是雪上加霜。而共享经济改变了原有的商业模式，随着越来越多的大企业开放资源，中小企业可以通过以租代买、按时付费等方式，低成本地共享大企业的优质制造资源和云计算服务，制造业的创新门槛会不断降低。

五是满足个性化需求，解决库存与积压难题。在传统的生产方式里，产品是“生产者”说了算，“消费者”只需要根据自己的需求决定买或者不买。企业往往因为无法低成本地了解每一个客户的需求而采用“一刀切”的方法，把需求最多的性能组合到一起，成为一款产品。这种和消费需求脱节的生产方式就不可避免地会出现产品的库存和压货，导致生产浪费和企业亏损。共享经济改变了制造业的运行模式，消费者成为生产制造过程的深度参与者，个性化消费需求可以被精准定位，有助于改善生产与消费之间的不协调问题，企业可以快速、小批量、定制化地生产每一个消费者需要的东西，生产、营销、渠道和营利模式都将发生巨大变化。

Q84 制造业产能共享有哪些特点和类型？

制造业产能共享的主体特征是以制造企业和生产性服务业企业为主，技术特征是基于互联网平台，效果特征是生产资料和制造能力的高效配置。从当前主要的共享内容来看，制造业产能共享主要包括设备、技术服务、生产能力，以及综合性服务共享等。

制造业产能共享主要是指以互联网平台为基础，以使用权共享为特征，围绕制造过程各个环节，整合和配置分散的制造资源和制造能力，最大化提升制造业生产效率的新型经济形态。

从共享的范围来看，制造业产能共享贯穿于设计、研发、生产、管理、服务等制造活动全链条；从共享的对象来看，制造业产能共享涵盖设备工具、物料、仓储、知识、技术、人力等制造资源，以及设计、试验、生产、管理、维护等制造能力；从共享的效果来看，有利于打造产业链纵向集成、跨产业横向交融的制造业生态圈。

制造业产能共享主要有以下特征。

一是主体特征：以制造企业和生产性服务业企业为主。制造业产能共享的参与主体主要是企业，包括大型制造企业、中小制造工厂，以及研发、物流、仓储、金融服务、信息服务等生产性服务业企业。

二是技术特征：基于互联网平台。互联网、大数据、云计算、物联网等技术的广泛应用是制造业产能共享的前提。在实际应用中，平台既可以是龙头制造企业自身搭建的开放式平台，也可以是由第三方互联网企业搭建的共享平台。

三是效果特征：生产资料和制造能力的高效配置。需求方可以根据自身的生产需要选择共享内容和共享方式，灵活的选择和大量主体的参与实现了制造资源的快速流动和生产能力的高效配置，满足多样化生产需求，提高整体生产效率。

从当前主要的共享内容来看，制造业产能共享主要包括设备、技术服务、生产能力，以及综合性服务共享等。

设备共享。主要是指生产设备与工具的共享，通常采用分时租赁的模式。国外较为典型的平台有美国的 Machinery Link 共享平台、荷兰的 Floow2 共享平台和 3D Hubs（全球最大的 3D 打印机网络联盟）。中国典型的设备共享平台如鲁班世界等。

技术服务共享。主要是指制造过程中所有技术及服务能力的共享，包括人力、知识、管理、运维等要素。技术服务通常依托于云平台和智能化设备，在制造共享过程中获取信息并提供相应服务。典型平台如沈阳机床厂“i5”智能机床、上海明匠等。

生产能力共享。主要是指企业制造能力的共享。制造企业将自身的生产能力开放，通过互联网平台与需求方实现有效对接，打造个性化、柔性化的生产模式，提高生产效率。典型平台如淘工厂、优制网、生意帮等。

综合性服务共享。主要是指研发、供应链、销售网络、物流、仓储、服务等资源的共享。通常是大型制造企业开放自身优质资源，为中小微企业提供协作、创新、资源、生产等综合性服务。典型平台如海尔的海创汇、美的集团的美创平台等。

Q85 小微企业如何通过共享经济实现创新创业？

首先，小微企业可以以多种方式低成本地使用生产设备，不需要自行购置完整的生产设备，而是可以以租代买、按需使用、按量计费，既节省了购置成本，也无须承担维护和管理成本。其次，中小企业可以共享智能化系统和云服务，解决缺技术、缺人才、缺资金的短板。此外，随着大型制造企业资源的开放，中小企业可以充分享受大型制造企业的优势资源实现创新创业。未来众包、众创、众筹、众扶等模式将不断出现，制造业创新创业生态将形成新局面。

在传统条件下，中小制造企业想要快速提高生产效率，扩大生产线，跻身大企业的行列是非常困难的，因为制造业是典型的重资产行业，传统的生产制造方式对设备、厂房、人才等要素投入要求高，固定资产投入和生产成本高，中小微企业很难实现快速发展。制造业与共享经济的融合为解决中小微企业缺资金、缺人才、缺技术的问题提供了新的方向，有助于降低中小微企业，尤其是小微企业的生产成本，提高生产效率。

首先，小微企业可以以多种方式低成本使用生产设备，而不是购买。共享经济的特征是使用权的共享，过去中小企业进入制造业必须购买厂房、生产设备等固定资产，这是中小企业在早期创业过程中遇到的最大资金难题，一旦资金短缺，或者订单不足，这些设备的维护成本将给企业造成很大的负担。在共享经济时代，企业不需要再自行购置完整的生产设备，而是可以以租代买、按需使用、按量计费，既节省了购置成本，也无须承担维护和管理成本。

沈阳机床厂推出的“i5”智能机床，用户可以根据加工零部件的品种、数量、加工时间等进行付费。相对于一台售价20万元的机床设备，用户只需支付每小时10元的服务费，就可以使用该机床，用户购买的不是机床，而是机床加工能力；对于沈阳机床厂来说，通过以租代售的方式，一台售价20万元的机床可以变成价值40多万元的业务包，提升自身的收益。

其次，中小企业可以共享智能化系统和云服务，解决缺技术、缺人才、缺资金的短板。在智能制造高速发展的今天，智能化设备和信息管理系统已经成为提高生产效率和产品质量的关键。而中小企业往往缺乏高技术人才，也没有能力自行搭建完整的智能化工厂和工业互联网系统，导致小企业难以提高生产水平。通过共享模式，这些企业完全可以共享智能化系统和云服务，既无须担心技术维护的问题，也可以低成本使用云服务产品，并根据自身业务定制部分板块，无须支付整套的费用。

上海明匠企业的智能工厂系统与智能设备，涵盖了产品全周期的数字化、智能化制造，可按照客户需求和生产需要，打造完全自主可控和定制化的智能工厂。明匠企业为用户改造或新建智能工厂，用户根据每年线下产品数量向明匠支付加工成本，该成本通常比用户实施智能化改造前的生产成本要低 30% 左右。

最后，随着大型企业资源的开放，中小企业可以充分借助共享大型制造企业的优势资源实现创新创业。在创新创业大潮下，各类众创空间开始涌现，为创业者提供一站式的创业服务。在制造业领域也有大型企业开始搭建类似于众创空间的产能共享平台，通过开发产能，提高社会生产资源的流动性，促进创新创业。这类平台一般是由大型制造企业搭建的开放平台，通过整合平台上的研发、制造、物流、分销等能力，以及财务、人力、金融等服务，搭建起“人人创客”的创业生态系统，助力中小企业创新创业，降低社会创新创业成本，如海尔的“海创汇”、美的集团的“美创平台”、航天云网等。

通过接入这些平台，有好的创意的中小企业就可以共享大企业的资金、产能、渠道、品牌等全方位的创业资源。阿里云与富士康联手打造的“淘富成真”项目，为创业者提供知识产权、工业设计、生产制造等全链条服务。只要符合项目筛选的创业企业既可以共享阿里云的计算资源，也可以共享富士康的制造能力，有效解决了中小企业创业过程中缺技术、缺人才等问题。海尔的海创汇平台，全面开放海尔的研发、供应链、销售网络、物流、服务等资源，提供创客空间、创客工厂、创客基金等 9 项创客孵化服务。海尔还开放线上、线下销售渠道（3 万家实体店、30 万家线上微店），打通全国物流网络与遍布到户的服务网点，为创业者提供实时准确的物流服务及“零等待”的上门服务。目前，平台汇聚了 1333 家风投机构，吸引了 4000 多家生态资源平台，孵化和孕育着超过 2200 多家创客小微公司。仅海尔内部的创客团队，已经有 200 多个项目在孵化。

未来将会有更多的制造业龙头企业建立基于互联网的制造业共享平台，聚焦产业链协同，开放自身优质资源并提供社会化服务，通过制造资源、生产能力的集成整合、在线共享和优化配置，打造目标一致、信息共享、资源与业务高效协同的社会化制造体系，并推进中小企业制造能力的整合。众包、众创、众筹、众扶等模式不断出现，制造业创新创业生态将形成新局面。

Q86 制造业产能共享需要哪些技术支撑？

制造业产能共享的前提是互联网技术应用和智能化生产。云计算、工业互联网、人工智能等是当前制造业产能共享的主要技术支撑。

制造业产能共享的前提是互联网技术应用和智能化生产。只有当制造环节相关流程以及制造服务可以在网络云端实现控制、管理和信息对接的时候，共享经济才能发展起来。云计算、工业互联网、人工智能等是当前制造业产能共享的主要技术支撑。

云计算——随着互联网＋制造、中国制造 2025 的实施，面向制造业的云计算也将迎来发展新阶段，成为制造业重要的基础设施，为制造业产能共享提供了有力支撑。云计算有大规模计算、标准化、虚拟化、低成本、面向服务、弹性计算、高安全性等重要特质，让企业能够以最便捷、低成本的方式应用信息技术服务。工业云是云计算与工业融合的产物，已经渗透到研发、生产、管理、物流、服务等制造业全流程中，成为和工厂、设备等传统基础设施同等重要的新基础设施，也是智能制造、工业互联网的重要支撑。依托于工业云平台，可以打通商业链上下游企业间的信息流、业务流、资金流，提供研发设计、生产制造、供应链、服务等协同，支持开展跨企业、跨区域的产业链协作。

工业互联网——工业互联网是信息技术与工业技术深度融合的产物，是制造业数字化、网络化、智能化的重要载体。工业互联网构建了网络、平台、安全三大功能体系，打造了人、机、物全面互联的新型网络，形成了智能化发展的新兴业态和应用模式，也成为制造业产能共享的基础设施。从技术层面看，工业互联网主要包括数据采集层、IaaS（基础设施及服务）层、PssS（平台即服务）层，以及工业软件 App 层，主要是基于云端的工业服务，让企业以更低的成本按需使用信息资源，极大地为制造企业的个性化定制、网络化协同、智能化生产和服务化转型提供技术支持，有利于降低制造业产能共享的技术门槛和资本投入。

人工智能——人工智能在制造业中的应用引起了制造模式、生产方式的重大变革，促进了生产设备、产品管控、组织调度、材料供应等生产全流程的智能化。在提高生产效率、保证生产安全的同时，也能够以个性化、灵活性的特征促进信息互联、协同生产和远程控制。人工智能还能实现供需双方的精准配对，将来自四面八方的订单分解成生产指令，为产能共享提供强大的技术支撑。

Q87 我国制造业产能共享存在哪些问题？

目前，我国制造业产能共享还存在四个方面的问题：一是对制造业产能共享认识不足；二是工业互联网发展尚不成熟，难以为制造业产能共享发展提供有力的技术支撑；三是企业信息化基础较差；四是商业模式有待培育和创新。

虽然我国制造业产能共享已经有了一定的规模，但出于传统工业思维的限制、技术基础较弱、制造业本身产业链复杂等原因，目前我国制造业产能共享的发展还存在不少问题。

首先，对制造业产能共享认识不足。相当一部分企业和部门对于制造业产能共享的认识不足，既未充分理解产能共享的内涵，更未完全意识到产能共享对制造业转型升级的重要意义。从企业层面来说，一方面，大部分制造企业仍然沿用传统的管理理念、组织和运营，与开放、协同、共享的发展要求不适应，导致企业互联网转型进程缓慢；另一方面，部分企业对产能共享理解不到位，往往将互联网平台看成一个简单的交易平台，未能意识到共享平台对企业资源和流程的整合、优化、配置，全面提高企业生产效率的重要意义，导致企业参与产能共享的内生动力不足。从政府层面来说，部分部门的政策思路仍然沿袭传统工业化思维和管理理念，过于强调层级管理、条块分割等方式，对共享经济新业态与制造业的融合发展仍存在一些认识误区。如认为共享经济的发展会对传统制造业造成冲击和影响，把它们看成此消彼长的关系。产能共享将带来生产要素、产业链、生产组织方式和管理模式等革命性变化，能否准确认识、把握和引领这些变化，成为制造企业以及有关部门要面对的新的挑战。

其次，工业互联网发展尚不成熟，难以为制造业产能共享发展提供有力技术支撑。我国工业互联网的发展水平和现实基础与发达国家还有一点差距，主要表现为：产业支撑能力不足、核心技术和关键平台综合能力不强、标准体系不完善、企业数字化网络化水平较低、缺乏龙头企业引领，以及人才支撑和安全保障能力不足等，制造业产能共享缺乏有力支撑。原因主要有：一是从认识到实践，政府和企业都是摸着石头过河，不可能一蹴而就；二是工业互联网发展需要相对统一的标准，但目前各行业标准差别较大，部分行业封闭性强，行业融合难度大；三是工业互联网产业链有待完善，如网络设计、信息平台、大数据服务等方面的能力还不足；四是工业互联网商业和应用模式尚不清晰；五是信用体系、数据保护不完善。没有强大的工业互联网作为支撑，就很难实现更大范围、更高效率、更加精准的生产和服务资源配置，制造业产能共享就很难扩展到所有细分行业，以及企业内部所有流程。

再次，企业信息化基础较差。制造业产能共享的发展与生产制造过程的数字化、网络化以及智能化密不可分。当前我国很多制造企业，尤其是中小企业，数字化研发设计工具普及率、关键工序数控化率严重偏低，网络基础设施薄弱，都是阻碍制造业产能共享大规模发展的重要因素。主要原因有：一是企业推进信息化建设受到认识不足、资金不足、内在动力不足等因素的制约；二是企业重"硬"轻"软"问题普遍，在"看得见、摸得着"的硬件工具上投入多，软件配套不足；三是企业信息化人才缺乏，员工应用水平较低。没有较高信息化应用水平做支撑，尤其是中小企业信息化薄弱的现状不能得到改善，大中小微制造企业全面参与产能共享的局面就无法实现。

最后，商业模式有待培育和创新。有效的商业模式是行业发展的关键。虽然制造业领域已经出现了部分共享平台，但更多的是在企业内部或单品行业内部，多数以企业自主提供生产服务为主，未形成大范围的供需对接，也未能形成成熟、可持续的商业模式。主要原因是制造业细分行业众多，产业链条长，价值分配复杂，产品质量把控问题突出，线上线下协同要求更高，企业参与的成本高、风险大，其商业模式比生活服务领域的共享模式更加复杂，需要经历长期探索和创新过程。

Q88 制造业产能共享发展趋势如何?

未来制造业产能共享蕴含着巨大机遇，共享平台成为制造业龙头企业布局方向，重点行业呈现“一业一平台”态势，产能共享的基础设施不断完善，政策支持力度不断加强。

当前，我国共享经济蓬勃发展，正在从起步期走向成长期。未来的共享经济将从消费服务领域渗透到生产制造领域，从面向个人的服务扩展到面向企业的服务，提高企业的交易效率和生产效率，制造业领域蕴含着巨大的机遇。

共享平台成为制造业龙头企业布局方向。以新型研发、生产、管理和服务为重点，将会有更多的制造业龙头企业建立基于互联网的制造业共享平台，聚焦产业链协同，开放自身优质资源并提供社会化服务，通过制造资源、生产能力的集成整合、在线共享和优化配置，打造目标一致、信息共享、资源与业务高效协同的社会化制造体系，并推进中小企业制造能力的整合。众包、众创、众筹、众扶等模式不断出现，制造业创新创业生态将形成新局面。共享平台的搭建对企业发展理念、技术、资源、人力等都有一定的要求，龙头企业在发展过程中不仅积累了大量资源，还能推动行业内产业链协同，带动上下游大量的中小企业开展智能化改造，提升数字化、网络化基础能力，使每个中小企业都有机会参与众包、众创等产能共享活动中，全面提升制造业整体发展水平。

重点行业呈现“一业一平台”态势。制造业领域各细分行业差别很大，不同行业对设备、技术、工艺、数据、管理的要求各异，专业的细分行业平台会是未来制造业共享的重要方向。随着智能制造的发展、企业信息化水平不断提升、互联网与制造业融合步伐加快，有望在重点行业出现全国性一体化的共享平台，呈现“一业一平台”态势。行业性产能共享平台不仅可以聚集同行业制造企业的生产资源，包括设备、厂房、生产线等，还可以聚集行业发展相关的生产性服务资源，包括计算资源、仓储、物流、人力、运维、管理等，从而实现行业内企业间的高效协同。行业性产能共享平台还将在探索和推动行业共享的规范和标准制定方面发挥重要作用，如信息的发布、工程和质量控制、交易流程和规范、网络支付等，引领行业发展。

制造业产能共享的基础设施不断完善。工业互联网是实现制造业产能共享的重要基础设施。相对于消费互联网，我国工业互联网发展与国际先进水平有一定差距，针对这一问题，近两年我国围绕发展工业互联网、智能制造等做了大量部署，有望迎来工业互联网建设的新高潮。2017 年 11 月，国务院发布《关于深化“互联网 + 先进制造业”发展工业互联网的指导意见》，明确提出到 2025 年，基本建成覆盖各地区、各行业的工业互联网网络基础设施，健全工业互联网标识解析体系，基本形成具备国际竞争力的基础设施和产业体系；到 2035 年，建成国际领先的工业互联网网络基础设施，工业互联网全面深度应用并在优势行业形成创新引领能力，重点领域实现国际领先。未来，工业互联网在制造业产能共享中的作用将更加明显。为制造企业业务流程的网络化，降低信息和资源获取成本，整合研发、生产、营销、配送等各环节，提供重要支撑，从而打造便捷高效的制造生态圈，更大范围、更高效率、更加精准地优化生产和服务资源配置，促进传统产业转型升级。

政策支持力度不断加强。从全球范围看，发达国家纷纷制定新的制造业发展战略，以推进制造业生产方式、发展模式的深刻变革，抢占新一轮国际竞争制高点，制造业产能共享也受到欧美等国家政府的高度重视，积极通过政策和示范鼓励发展。在我国，近几年共享经济在推动经济转型发展，培育经济增长新动能方面的作用越来越明显，党的十九大报告、政府工作报告、国务院常务会议都多次提及要积极发展共享经济，国家对共享经济的发展越来越重视。在这种大背景下，制造业产能共享作为未来共享经济的主战场，必然会引起高度关注。

第十二章

共享经济走向何方

Q89 共享经济下一个“风口”在哪里？

Q90 共享农业前景如何？

Q91 优质教育资源共享的前景如何？

Q92 医疗共享能走多远？

Q93 共享养老前景如何？

Q94 为什么平台企业会走向生态化扩张？

Q95 未来会出现共享经济巨无霸平台吗？

Q96 为什么有那么多的共享经济平台倒闭？

Q97 共享经济发展一定会形成新的垄断吗？

Q98 从全球层面看共享经济发展需要应对哪些共同挑战？

Q99 共享经济发展还要克服哪些困难？

Q100 如何适应共享经济发展？

Q89 共享经济下一个“风口”在哪里?

农业、教育、医疗、养老等领域都可能成为共享经济的“风口”，这些领域的共同特点是：民生关切，痛点明显，市场需求大，商业模式正在积极探索中但尚未成型。

党的十九大明确宣示中国特色社会主义进入新时代，对新的发展阶段做出了战略规划和全面部署。我国已经站在了新的历史起点上，社会主要矛盾转化为人民日益增长的美好生活需要和不平衡不充分的发展之间的矛盾，共享经济是解决经济社会发展主要矛盾、实现经济高质量发展的重要抓手。未来一个时期，努力解决人民最关心最直接最现实的利益问题，保障和改善民生，满足人民群众“幼有所育、学有所教、劳有所得、病有所医、老有所养、住有所居、弱有所扶”的迫切需求，将成为我国经济社会发展的重要任务。

在此背景下，农业、教育、医疗、养老等领域都可能成为共享经济的“风口”，这些领域的共同特点是：民生关切，痛点明显，市场需求大，商业模式正在积极探索中但尚未成型。

在农业领域，作为一个季节性明显的行业，相近区域“农忙季节农民找农机难、农闲时间农机找活难”现象、农技专家不足等问题长期存在，为人人参与的共享经济模式提供了市场空间。近几年出现的农机出租、大型农机具的跨区作业、农技专家的远程诊断指导等，都含有共享经济的基因。土地耕作管理、病虫害防治等诸多领域，都受到了创业者和资本的关注，未来这些环节都有可能汇集到一起，提高农业生产的整体效率。这意味着围绕农业种植管理可能出现一些大型共享经济平台企业。

在教育、医疗和养老领域，全社会对优质资源的巨大需求与资源分布不均之间的矛盾长期以来备受关注，共享经济的出现为解决这一问题提供了新的思路。从长远发展看，我国人口老龄化趋势明显，养老服务需求不断攀升，亟须引入共享经济模式，实现优质资源的再配置。

从发展基础看，我国农村有大量的土地、水利设施、农机设备以及劳动力等资源，共享农业发展有着良好的物质基础；在医疗、教育、养老等领域，已经出现了一批共享经济平台，形成了比较成熟的商业模式，如名医主刀、好大夫在线、微医集团、VIPKID 等。随着共享经济理念的深入人心、商业模式逐步成熟、资本市场支持等，民生领域有望成为共享经济的新“风口”。

知识点

共享经济热点形成的要素特征：民生关切，痛点明显，市场需求大，商业模式正在积极探索中但尚未成型。

思考题

你认为还有哪些领域有可能成为共享经济的新“风口”？

Q90 共享农业前景如何?

所有的涉农资源都可以被分享,如:农田的分享、畜禽产品的分享、农机具的分享、资金的分享、农技的分享、劳务的分享、扶贫的分享、农村房屋的分享等。

共享农业是指利用互联网等现代信息技术整合分享涉农资源,满足多样化需求的现代农业经济活动的总和。其包括以下三方面内涵:其一,共享农业是利用互联网对农业资源进行重新配置,是农业资源配置的新方式。其二,共享农业是进入信息社会之后产生的一种新的经济形态,农业生产经营的玩法跟过去完全不一样了。其三,共享农业也是农业发展的一种新理念、新思维,就是用共享经济的思维去看待农业、发展农业。有了共享农业的思维,你会发现现在所说的农业,或者我们将来面对的农业跟过去已经不是一回事了。

为什么要发展共享农业?**首先,是需求强烈。**人们生活水平提升后对高品质个性化农产品的需求增加;现代农业新业态对农业资源提出了新需求;信息不对称带来优质农产品供需脱节。**其次,是供给充分。**大量分散的农业资源没有得到有效利用。**最后,就是发展共享农业的条件已经成熟。**从技术上看,网络、数据、智能手机、移动支付、现代物流技术的日益成熟完全可以支撑分享农业的发展。从文化基础看，已经有很多人开始从城市走向农村。从资金条件看，资本对共享经济的热度一点都没有降温。国家的战略已经明确把共享经济作为一个重点，相信分享农业会受到更多关注，可以说共享农业即将迎来新的爆发点。此外，共享农业对于农产品供给侧改革非常有帮助，对于农村脱贫致富、全面建成小康社会、全面建设信息社会也具有特殊的历史意义。

从广义上说，共享农业也就是共享农村，即通过共享的方式发展农业、农村。一般而言，可以分成两大类别：一是将农村拥有的资源共享出去，让优质农产品卖出好价钱，让农村资源发挥更大作用、创造更大价值；二是将农村发展急需的资源共享，即通过共享的方法吸引社会上的资金、技术、人才、经验等，投入农业、农村发展中来。

从理论上讲，所有的涉农资源都可以被共享，不管是闲置的资源还是优质的资源。

——农田的共享：让每一个人都可以拥有自己的私家田园和农产品特供渠道。现在已经出现了农业共享经济的基因或原型：我们可以通过网络在城郊租一小块土地构建自己的“私家菜园”；可以租两亩良田作为自己的“私家田园”，委托专业农民耕种和管理，小麦、大豆等成熟了以后可以分批发送过来；你也可以拥有自己的“私家果园”，比如说认养烟台的苹果、砀山的梨、新疆的葡萄、河南的百年板栗等，你想吃的水果都是你自己的；同样，人们也可以通过网络实现“土特产品特供”，比如茶叶、蘑菇、山药等。生产过程可以通过网络视频随时观察，当然如果有时间你也可以去体验一下田间劳动。这样，消费者可以获得健康的食品，生产者不必担心产品销路，土地价值得到提升，让真正的优质农产品找到优质的客户，实现最优质的价格。这方面加拿大的路法农场已经做得小有成效了，美国Farmigo公司也有了很好的探索成果，国内也有多家平台探索众筹农业、定制化农业等。

——畜禽产品的共享：吃上自己家的放心肉，但你想过可以吃到会上树的鸡吗？将来你会有机会在网上认养几只。不仅如此，湖南的黑山猪、内蒙古的绵羊也都是可以认养的。

——农机具的共享：像通过滴滴出行平台找到网约出租车一样，你也可以通过平台找到农机具。我国农业有一个特点就是土地的碎片化和农业生产小规模化，而大型农机具的购买成本、维护成本、闲置成本对农民而言都是相当高的，这就给共享经济发展提供了空间。以后使用旋耕机、播种机、收割机、烘干机等都不必家家户户自己购买，可以通过在线租赁等方式随时获得，就像使用手机预约出租车一样方便；拥有这些设备的农户则大大降低了设备的闲置成本，获得更多收益。印度就有一家叫farMart的公司，专门做农机具分享服务，号称农业机械领域里的优步。

——资金的共享：不因缺钱误农时。以前农民的小额资金贷款难度很大，如果将来出现农业众筹或农业P2P借贷，这个问题就可能得到很好的解决。目前国内已经有一些农业众筹的成功案例。

——农技的共享：所有的农业技术专家为所有的农民服务。通过网络把所有有一技之长的专家整合起来，回答各种各样的涉农问题。过去有过类似的农业咨询热线电话，发挥了一定作用，但也存在严重不足，如专家资源有限、联系不畅、缺乏可持续发展机制等。农技分享平台可以更好地解决这些问题。农技的分享模式可以是多种多样的，包括专家讲座、在线直播、远程诊断、现场咨询等，最重要的是，这些都是通过互联网进行的，所有的专家和农民都可以参与其中。

——劳务的共享：盘活农村劳动力资源。对农民而言，可以忙时务农、闲时务工，外出打工不用愁。对于企业来说，也可以随时随地找到农工为你服务，不用的时候也不必养着他们。

——扶贫的共享：重新定义精准扶贫。用共享经济的思维看待网络扶贫，完全可以重新定义精准扶贫和一对一帮扶。目前完全依靠行政命令指定的扶贫方法存在很多弊端，能够帮助一个特定的贫困村、贫困户、贫困学生的人或者组织一定存在，完全可以通过网络实现对接，这样的一对一帮扶才是最有效的。

——农村房屋的共享：如民宿共享，人人都可以找到自己的桃花源。中国广大的农村有多种多样的房屋可以用于共享，总有一款适合你。目前已经有不少地区鼓励发展共享农庄，也出现了一些开展农村民宿的共享平台。随着农村土地所有权、承包权、经营权的分置和旅游康养的深化，农村共享民宿会越来越受欢迎。

共享农业的发展可能会让我们重新定义农业、农民、农村电子商务乃至整个农村经济，共享农业会让人们的生活更加美好。

共享农业将为乡村振兴和农村可持续发展找到一条新路子，也将使得农村成为农业文明、工业文明、信息文明融合发展的最佳试验场。

知识点

所有涉农资源都可以通过共享发挥更大的作用。

思考题

共享经济能否帮助落后农村一步跨入信息社会？

Q91 优质教育资源共享的前景如何？

信息技术在教育领域的创新应用为优质教育资源共享提供了重大机遇。2013 年以来国内知名高校纷纷加入慕课平台，出现了慕课建设热潮。网络运营商也纷纷行动起来，努力抢占慕课市场制高点。目前以慕课为代表的优质教育资源共享模式初步显示了巨大的发展优势与潜力，既满足了多样化教育需求，又推动了优质教育资源普惠共享。未来优质教育资源将在更大范围、更大程度上实现普惠共享。

在传统教育模式下，由于时空限制、资质门槛等因素，我国优质教育资源获取成本高、普惠程度低、分布不均衡等问题一直比较突出。尤其是优质教育资源在城乡之间、区域之间分布不平衡。教育教学方法陈旧是我国教育领域存在的一个顽疾，学习成果评价、课程认证等方面亟须创新，课程结构设计单一、课程内容更新滞后，无法满足公众接受高质量、多样化、更公平的教育需求。

信息技术在教育领域的创新应用为优质教育资源共享提供了重大机遇，出现了各种类型的优质教育资源共享模式。教育部 2003 年启动了国家精品课程建设，2011 年国家精品开放课程与共享系统建设项目启动，2017 年 7 月我国启动了“农村中小学数字教育资源全覆盖”项目，建立了国家数字化学习资源中心，集聚了国内外优质网络课程 3.3 万门、资源总量达 60TB。截至 2017 年 6 月，教育部连续开展了两轮“一师一优课，一课一名师”活动，参与教师均超过 1000 万人次，累计晒课 737 万堂，“优质资源班班通”不断普及深化，“网络学习空间人人通”跨越式发展。

2013 年，国内知名高校纷纷加入慕课平台，出现了慕课建设热潮。网络运营商也纷纷行动起来努力抢占慕课市场制高点。自 2013 年以来，我国慕课平台呈现加速发展态势，并形成了多元化的发展模式。一是通过国外已有平台推出课程，如北京大学、复旦大学、上海交通大学等；二是学校自建慕课平台，如清华大学“学堂在线”、上海交通大学“好大学在线”；三是政府主导、企业参与建设的慕课平台，如爱课程网推出的中国大学 MOOC 平台；四是企业主导建设的慕课平台，如果壳网慕课学院。另外，国内中小学慕课联盟也相继出现，慕课出现了向基础教育渗透的趋势，如华东师范大学与国内 20 余所著名高中成立了慕课联盟。

目前，以慕课为代表的优质教育资源共享模式初步显示了巨大的发展优势与潜力。一是满足多样化教育需求。慕课将学习的主动权交给学生，在学习成果评价、课程认证等方面都进行了创新，自主学习的理念得到充分体现，不断满足公众接受高质量、多样化的教育需求。二是推动优质教育资源普惠共享。慕课意味着可以通过互联网方式将优质课程资源以极低的成本传递到原本无法取得这些资源的学习者的终端设备上，随时随地获取优质学习资源成为可能。这对于地区发展不平衡、国民受教育水平总体偏低的中国来说，无疑将成为实现教育公平的重要推动力。

信息技术的进一步创新应用将推动优质教育资源在更大范围内、更大程度上实现普惠共享。今后一段时期，“宽带网络校校通”“优质资源班班通”“网络学习空间人人通”将持续推进，我国有望逐步建成数字教育资源公共服务体系，形成覆盖全国、多级分布、互联互通的数字教育资源云服务体系；适合我国国情的慕课建设将取得重大突破，大量具有学科专业和现代教学技术优势的高等院校开放共享优质课程，提供全方位、高质量、个性化的在线教学服务；慕课将在线学习、社交服务、大数据分析、移动互联网等融为一体，使得大规模多面向的实时信息交流和互动成为可能，学习过程中的“人—机”关系将达到更高度的融合；慕课还有望实现大规模走出去，大力弘扬中华优秀传统文化。

未来优质教育资源共享将逐步渗透到所有教育领域——从学前教育、义务教育、中等教育到职业教育、高等教育、继续教育，共享的资源和模式也会更加多样化。

知识点

目前优质教育资源共享的主要模式是慕课，未来会出现更多的模式。

思考题

网络化学习会不会最终改变高考制度？

Q92 医疗共享能走多远？

在我国，医疗共享的兴起和发展是巨大的现实需求、技术创新应用、资本的支撑和相关改革不断深化等多种因素共同作用的结果。从

长远发展看，大数据、人工智能等技术创新应用给医疗共享带来了更大的想象空间。基于过去几年在医疗数据、资源方面的积累，腾讯、阿里等巨头企业纷纷开始新一轮布局，有望带动行业爆发，不断完善的分级诊疗制度等将为医疗共享提供有力的制度保障。

多年来，我国优质医疗资源相对短缺且过于集中在大城市、大医院，基层群众得了疑难杂症想得到专家的诊疗并非易事，一些偏远贫困地区尤其如此。互联网可以帮助医疗卫生事业创造创新的模式，医疗共享便应运而生。截至 2017 年 3 月，17 家互联网医疗企业先后获得银川市政府颁布的互联网医院“牌照”，让银川市一举成为我国规模最大的互联网医院产业聚集地。

医疗共享指的是以互联网平台为载体，整合海量、分散的优质医疗资源，以便捷高效的方式满足多样化医疗服务需求的经济活动，它是共享经济模式在医疗领域深入应用的具体表现形式。

在我国，医疗共享的兴起和发展是巨大的现实需求、技术创新应用、资本的支撑和相关改革不断深化等多种因素共同作用的结果。国家信息中心研究报告显示，2017 年我国医疗共享市场交易额约为 70 亿元，其中，在线问诊市场交易额约为 60 亿元，手术领域交易额约为 10 亿元，陪诊、医疗设备分享及其他领域市场交易额相对较小。从公众参与度来看，2017 年全国参与医疗共享活动的总人数超过 2 亿人，约占全部网民数的 26.9%。

当前及未来一段时间，消费结构升级将为发展健康服务创造广阔空间，科技创新将为提高健康水平提供有力支撑，医疗共享市场潜力巨大。

2004 年至 2016 年，我国人均卫生费用支出额从 594 元增长为 3352 元，十多年来增长了 5 倍，年均增长率超过 15%。在医疗费用快速增长的情况下，优质价廉的医疗共享服务将更受欢迎，从而带动医疗共享市场更快增长。

大数据、人工智能等技术创新应用给医疗共享带来了更大的想象空间。2017 年 7 月，国务院正式印发了《新一代人工智能发展规划》，人工智能成为国家战略。巨大的潜在市场决定了我国堪称医疗人工智能最大的应用场景国家，投资与产业界对此也充满信心，基于过去几年在医疗数据、资源方面的积累，腾讯、阿里等巨头企业纷纷开始新一轮布局，有望带动行业爆发。

从制度层面看，当前正在大力推进分级诊疗制度，着力健全完善医疗卫生服务体系，推进面向基层、偏远和欠发达地区的远程医疗服务体系建设，鼓励利用信息化手段促进医疗资源纵向流动，不断提高优质医疗资源可及性和医疗服务整体效率，其中医疗共享将扮演重要角色。

知识点

医疗资源共享是解决优质医疗资源供给不足和分布不均衡的有效途径。

思考题

为什么互联网医疗企业会扎堆银川市而不是优质医疗资源更丰富的一线城市？

Q93 共享养老前景如何？

共享养老是一种快速兴起的新型养老模式，是互联网与共享模式和养老服务融合发展的结果。尽管共享养老还面临许多限制因素，但从长期来看，前景不可限量。主要是：相对于传统的养老模式，共享养老模式具有诸多优势；共享养老模式与智能化技术的融合，将极大地提升养老服务的品质和效率；传统养老服务机构的转型、互联网公司的进入以及政府的全力支持将极大地推动共享养老的发展。

共享养老是指通过互联网平台，将老人所需的养老服务与大量闲散的社会养老资源进行整合、对接，以实现社会化、精准化养老的服务形态。目前，共享养老通常的运作模式如下：依托社区或更大区域的公共服务平台，动态采集、更新和发布养老服务供需两方面的信息：一是社区内的老人，尤其是失能、半失能、空穴老人及残疾老人所需的日常生活、护理、陪侍等一般性和专业性上门服务的信息；二是社区内愿意从事家政服务、老人护理服务的闲散剩余劳动力和社区服务志愿者的信息。在信息发布的基础上，网站在供需双方之间牵线搭桥，服务提供者根据服务的事项获得相应的报酬，老人得到相应的服务。服务报酬的结算除了货币化支付方式外，有些平台还创新了一种新型的支付方式，即服务提供者可以得到一定数量的“服务时间”，并将“服务时间”储存于平台，在自己家老人需要或者自己以后需要时，即可提取出来获得对等的服务时间。在实践中，由于大多数服务提供者是低龄老人，因而这种以低龄老人服务高龄老人的模式，也被称为互助养老模式。

共享养老是一种快速兴起的新型养老方式，是互联网与共享模式和养老服务融合发展的结果。从目前来看，共享养老还面临诸多约束，如整体的发展水平还处于起步期，整个社会对共享养老的认知和接受水平还较低；运作模式尚处于探索阶段，有待进一步完善；大多数服务活动的协调和安排主要依赖线下人员，限制了共享模式的覆盖范围。但从长期来看，共享养老具有巨大的发展潜力，前景不可限量。

首先，中国正在加速进入老龄化社会，传统的以一家一户养老为主、社会化养老和养老院养老为辅的养老体系难以满足日益扩大的养老需要，迫切需要创新养老模式。相对于传统的养老模式，共享养老作为一种新兴的养老模式，具有诸多优势：一是共享模式将一家一户的养老模式提升为集体式养老模式，有利于培养社区居民共同的养老意识和集体责任意识，也有利于形成社区居民间相互帮扶与慰藉的氛围；二是养老服务方式便捷，大幅减轻家庭养老的负担。尤其是在子女出于各种原因无法适时地看护陪伴父母的情况下，共享模式可以有效地解决这一难题，迅速地对老人的各种服务需求做出响应；三是相对于高度商业化、市场化以及以营利为目的的养老服务，共享养老模式是一种低成本、广覆盖、普惠化模式，服务成本相对较低，能为大多数老人所承受。上述优势意味着共享养老模式有望成为未来养老的主流模式之一。

其次，共享养老模式与智能化技术的融合，将极大地提升养老服务的品质和效率。随着智能化设备的推陈出新和人工智能技术的飞速发展，养老服务越来越智能化，前景可期。利用物联网技术，通过智能感知、识别技术以及各种智能穿戴设备和数据网络互联，共享养老平台可以对老年人的饮食、起居、生活规律和身体健康等状况进行实时监测，并为老年人提供全方位的、定制化服务，从而大幅提升老年人居家生活的质量。同时共享养老平台还可以对老年人突发的疾病、意外伤害等做出及时的回应。

最后，共享养老模式广受社会各界的推崇，这为合力推进共享养老创造了条件。一方面，传统的养老服务机构也在积极转型，探索共享养老服务新模式；另一方面，养老服务市场巨大的潜力也在吸引有实力的互联网公司进入，许多互联网巨头已经开始布局养老服务市场。与此同时，在养老压力空前严峻的形势下，政府有关部门也会在政策环境方面提供有力支持，而处于养老服务前线的社区等基层政府机构也会给予全力的支持。

从理论上讲，所有的养老资源都可以通过共享模式发挥更大的作用，所有老人都可以通过共享提升养老品质。相信未来会有更多更受欢迎的新型养老模式出现。

知识点

共享养老是解决养老资源不足的重要途径。

思考题

还有哪些养老资源可以通过共享模式提供服务？共享养老在中国是否更有可能获得重大突破？

Q94 为什么平台企业会走向生态化扩张？

生态化扩张已经成为多数领先企业的战略选择。共享经济企业积极利用已经掌握的客户资源、用户数据和技术能力，推动横向业务拓展，通过强化平台与用户、金融机构、政府、高校及其他企业等不同主体的协同互动，为用户提供更加多样化、精准化、高效化的增值服务或配套服务，最终形成一个具有高度开放性、动态性、协同性的创新生态系统。

生态化扩张是指共享经济企业积极利用已经掌握的客户资源、用户数据和技术能力，推动横向业务拓展，开发多样化增值服务，逐步打通用户、需求和流量入口，降低用户获取成本，提高用户转换能力，完善线上线下服务，提升平台与用户的双向互动频率。生态化扩张是企业提高竞争能力和生存能力的重要法宝，已经成为多数领先企业的战略选择。在交通出行、生活服务等共享经济领域，已经开始出现了一些大型平台企业。为了适应瞬息万变的市场需求，弥补自身技术与资源不足，进一步提升自身竞争优势，平台企业往往采用“小步快跑、迭代创新”的发展策略。同时，平台企业积极利用掌握的用户资源、数据优势、技术优势，通过与用户、金融机构、政府、高校及其他企业等不同主体的协同互动，打造全链条生态系统。

从实践中看，在交通出行领域，滴滴出行平台除了提供顺风车、快车、专车服务以外，还提供代驾、试驾服务，同时整合了共享单车入口，以提高用户流量。在共享住宿领域，平台企业已经衍生出了卫生保洁、入住管家等配套服务。在生活服务领域，美团点评业务覆盖餐饮、电影、酒店旅游、社区服务、家政、美容业等多个领域，2017 年 4 月上线榛果民宿，先后推出保洁服务、智能门锁等配套功能，不断迭代与完善服务体系，旨在一体化满足用户“吃喝玩乐行”等需求。在知识共享领域，猪八戒平台在提供知识技能共享服务之外，还推出了办公空间分享业务，为会员提供工作台、会议室预订和其他办公设施服务，也为创业公司提供商标注册、版权申报、财税管理等一系列创业孵化服务。截至 2017 年底，全国已有 20 多个办公共享社区开放运营，入住率达 75%。

另外，平台企业之间探索深度合作模式，如优客工场除了提供办公空间共享，还连接了 721 家服务商，涵盖财税、法律、人力、金融、政务、营销、旅行、软件等服务，同时链接与创业教育辅导相关的人才、技术、市场和资源，形成了较为完整的创新创业服务体系。截至 2017 年 12 月，优客工场已与超过 150 个创业导师建立合作，开设超过 5000 场次现场课，与超过 100 个投资机构建立了合作关系，平台上处于新兴和高增长行业的企业占比达 83%。在更加激烈的市场竞争格局下，跨界合作会更加普遍。

未来，共享经济平台参与主体将更加多元、合作更为紧密，为用户提供更加多样化、精准化、高效化的增值服务，最终形成一个具有高度开放性、动态性、协同性的创新生态系统。

知识点

生态化扩张是指企业利用平台优势拓展横向业务和多样化增值服务。

思考题

为什么平台型企业更容易实现生态化扩张？

Q95 未来会出现共享经济巨无霸平台吗？

由于市场潜力大、进入门槛低，目前尚未形成稳定的竞争格局，未来几年共享经济领域的竞争将更加激烈。网络经济具有赢家通吃的特点，部分发展较快的领域将由少数企业“独占鳌头”。未来几年在中国出现若干家巨无霸平台型企业是完全有可能的。

人类社会发展到今天，试图通过创造更多财富满足人们需求的做法已经达到了资源利用的极限。尤其是对于中国而言，要用传统的方法实现未被满足的大量刚性需求面临越来越多的约束和限制。共享经济在承认产权私有的前提下，又能够让整个社会资源被广泛分享，这是解决人均资源供给不足的有效途径。当前我国正处于发展动力转换的关键时期，加快发展共享经济将有利于培育新的经济增长点、化解转型期阵痛，实现发展动力转换。转型发展的迫切需求为平台型企业的快速成长提供了巨大的市场机遇。

共享经济是典型的网络经济，具有赢家通吃的特点，部分发展较快的领域已经表现出“头部集中”的趋势。以网约车市场为例，从合并快的到打败国际巨头优步，滴滴出行已经占据中国网约车市场九成份额，一个出行帝国俨然形成。但罗马不是一天建成的，正如滴滴出行总裁柳青所言，在过去的两年半到三年时间里，滴滴 PK 掉了 30 个对手，而且一直在 PK。从全球范围来看，共享经济催生了大量的独角兽企业。根据美国市场研究公司 CB Insights 的数据，截至 2017 年 12 月，全球共有 220 家独角兽公司。这些公司的估值均超过 10 亿美元，估值总额达到 7630 亿美元。其中，优步以 680 亿美元估值位居榜首，同为出行平台的滴滴以 500 亿美元估值紧跟其后。值得一提的是，榜单前五名中有四家都是共享经济企业，除优步和滴滴出行以外，还有新美大（估值 300 亿美元）和爱彼迎（估值 293 亿美元）。更重要的是，这些公司创业时间多数不到 5 年就达到上亿美元甚至上百亿美元的市场估值。

面对蓬勃发展的共享经济，美国、澳大利亚、韩国、印度、中国、欧盟等全球多个国家和地区纷纷出台政策，为各类共享经济新业态创造了更充分的发展空间。“鼓励创新、包容审慎”成为我国制度创新的基本政策取向，为共享经济发展营造了良好的外部环境。党的十九大报告、政府工作报告以及相关战略规划，都明确提出要大力发展共享经济，地方政府和有关部门也出台了一系列促进共享经济发展的政策文件，充分反映了我国政府大力发展共享经济的坚定决心。随着共享领域的拓展、商业模式的不断创新以及政策的积极引导，更多的巨无霸企业将接踵而来。

需要关注的是，科技巨擘的崛起也引起了社会各界的广泛关注，甚至担忧。IMF 总裁克里斯蒂娜·拉加德呼吁：“政策制定者们应该加强对科技企业市场支配力的审查，警告它们对创新和提高生产率构成了威胁。”拉加德表示，她对大型科技企业日益增长的市场支配力感到担忧，过多的市场集中在极少数的企业手中，从中长期来看是不利的。

共享时代的到来给予人类巨大的发展机遇，但如何把握好市场垄断与竞争的尺度，考验着平台企业与政策制定者的智慧。

知识点

单一领域的共享经济走向集中是由网络经济的特征决定的。

思考题

哪些领域有可能出现共享型巨无霸平台企业？

Q96 为什么有那么多的共享经济平台倒闭？

竞争就是优胜劣汰，是市场经济的基本法则和常态现象。近年来，共享经济的迅猛发展吸引了大量创业者涌入，涌现出一批新业态、新模式，部分领域出现了平台企业停运或倒闭现象，这正是市场配置资源、优胜劣汰的竞争机制发挥作用的生动体现，不必为之过度担忧。未来共享经济的发展仍然取决于用户和市场需求。

在过去两年时间里，共享经济发展迅速，出现了很多新模式、新业态，部分平台企业出现了经营不下去甚至倒闭的现象，引起了社会各界的广泛关注，甚至引发部分人对共享经济本身的质疑。2017 年 10 月，共享充电宝企业“乐电”通过其官方微信公众号宣布项目停止运营，并回收了全部充电设备，成为行业内首家宣布停运的企业。小宝充电、泡泡充电、创电等多家共享充电宝平台也出现倒闭传闻。在共享单车领域，2017 年 6 月 13 日，运营仅 5 个月的悟空单车因融资困难宣告关停；21 日，运营不足 4 个月的 3Vbike 宣布停运；8 月初，南京町町单车创始人失联，用户押金退还困难。此外，共享睡眠舱、共享马扎、共享 KTV 、共享雨伞、共享篮球、共享图书等新业态，均出现了平台经营困难的现象。

2017 年共享经济各领域部分平台运营状况

领域	项目	轮次	投资方	运营状况
共享单车	卡拉单车	天使轮	未披露	已倒闭
共享单车	悟空单车	未融资		已倒闭
共享单车	町町单车	未融资		已倒闭
共享单车	小鸣单车	B 轮	联创永宣等	已倒闭
共享单车	酷奇单车	未融资		已倒闭
共享单车	3VBike	天使轮	未披露	已倒闭
共享单车	小蓝单车	A 轮	黑洞资本等	滴滴托管
共享电单车	小鹿单车	未融资		已倒闭
共享电单车	电斑马	未融资		传闻，未证实
共享充电宝	乐电	未融资		已倒闭
共享充电宝	河马充电	A 轮	梅花天使等	传闻，未证实
共享充电宝	小宝充电	天使轮	险峰长青等	传闻，未证实
共享充电宝	泡泡充电	未融资		传闻，未证实
共享充电宝	创电	未融资		传闻，未证实
共享充电宝	放电科技	天使轮	仁和实业	传闻，未证实
共享充电宝	PP 充电	未融资		已倒闭

续表

领域	项目	轮次	投资方	运营状况
共享汽车	零派乐享	未融资		已倒闭
	友友用车	A+ 轮	光速中国等	已倒闭
	EZZY	A 轮	策源创投等	已倒闭
共享雨伞	活力魔篷	未融资		已倒闭
玩具租赁	爱租宝贝	未融资		已倒闭
	超人宝宝	天使轮	真格基金	已倒闭
	乐童网	未融资		已倒闭
	玩聚租租		青松基金等	已倒闭
服饰租赁	多啦衣梦		君联资本等	已倒闭
	魔法衣橱	未融资		已倒闭
	NA!ve 那衣服	未融资		已倒闭
	ZuLife	未融资		已倒闭

数据来源：根据公开资料整理。

从内部看，平台企业倒闭的原因有很多，表现也各不相同，比如有些平台因为融资困难，导致资金链断裂；也有些平台可能是由于自身经营不善，内部管理出现了问题；还有一些模式的失败是因为对市场需求的把握不准。

从外部看，共享经济平台企业倒闭多有两个重要原因：一是共享经济门槛低，所以刚开始会有太多的企业和资本进入，比如共享单车领域最多时至少有 70 多家，网络直播领域有 300 多家，P2P 领域最多时有数千家企业。二是共享经济具有网络经济的双边效应，自然会带来“赢家通吃”的结果，最后留下来的只能是少数企业。

其实并不是所有领域都会出现共享平台大量涌现继而大批倒闭的情况。在一些进入门槛相对较高的细分领域，比如重卡货运、大型工程机械领域，一开始进入的企业就相对较少，可能必须经历激烈的竞争才能形成较为稳定的格局。

共享经济平台企业的创立、倒闭都是正常现象，这正是市场配置资源、优胜劣汰的竞争机制发挥作用的生动体现，是市场竞争的必然结果，不必大惊小怪，不必为之过度担忧，更无关共享经济本身的合理性。

知识点

共享经济领域企业倒闭是多种原因促成的，也是市场选择的正常现象。

思考题

为什么共享经济在消费领域的竞争相对要比在生产领域的竞争激烈？

Q97 共享经济发展一定会形成新的垄断吗？

对于共享经济而言，市场集中度高，并不必然意味着新的垄断，大型平台企业的出现也不意味着必然会影响消费者权益。面对实践的快速发展，需要对准共享经济特点、发展阶段、平台内在发展机制等，加强诸如垄断等相关理论问题的研究。相关部门需要抓紧完善和制定相关规则，创新对平台企业经营行为的监管与引导。平台企业则要在进行创新探索过程中，加强自律和树立底线意识，确保其创新商业模式不会对市场竞争和消费者利益带来不利的影响。

足够多的供给方和需求方共同参与是共享经济得以发展的前提条件。共享经济的出现激活了人类潜藏已久的合作基因，人们可以通过有效组织和合理分配，实现资源效用最大化。

共享经济是一种典型的双方市场，任何一端用户的增加都会吸引另一端更多用户的加入，这种双边网络效应的存在，使得大型平台更容易吸引和积累更多的双边用户，从而形成越来越强大的市场力量。而小型平台因参与者少、为供需双方提供的交易机会和选择较少，从而影响其对用户的吸引力，小型平台越来越难以形成足以与大平台抗衡的竞争力。所以，市场上极易形成“赢者通吃”、一家或者少数几家独大的局面。

因此，随着一些大型共享经济平台的初步形成，越来越多的行业参与者、消费者甚至是监管部门，开始关注这些大型平台企业的并购和定价行为可能引发的垄断问题，平台企业也有可能面临反垄断合规的风险和挑战。

从实践层面看，关于“大型共享经济平台”的判断和界定，往往首先想到的是其所占有的市场份额，是不是占据较大市场份额的平台企业都会形成新的垄断？实际上很难做简单的推定。

在我国于 2008 年 8 月 1 日正式实施的《反垄断法》中，对垄断的界定至少有三个方面：“经营者达成垄断协议；经营者滥用市场支配地位；具有或者可能具有排除、限制竞争效果的经营者集中。”并对垄断协议、滥用市场支配、经营者集中、滥用市场支配地位等情况进行了详细的阐述和规定。但即便如此，对于共享经济这种新业态，如何界定垄断仍然面临着更为复杂的问题。

首先，共享经济平台企业大都具有典型的“跨界”特征，导致仅仅关于“市场”的界定就没那么容易。比如提供网络预约车服务的滴滴出行平台，其所在的市场究竟是出租车市场还是出行市场？目前其在网约车市场占据很高的市场份额，这是客观事实，但在整个出行服务市场上，可能其所占的市场份额就会小很多。除了网约车，还有传统的出租车服务、公交和地铁等，都是网约车服务的潜在替代者和竞争者。对住宿分享而言，同样存在这样的困惑。

其次，对共享经济平台而言，市场上还存在许多制约因素，使得某个企业即便占有了很大的市场份额，也很难说其具有市场支配地位。比如经济学家威廉·鲍莫尔曾经提出一个“可竞争市场理论”。在他看来，如果市场的进入门槛足够低，占据巨大市场份额的企业也必须时刻小心地应对潜在进入者的威胁，很难说他们拥有市场支配地位。共享经济模式下，不管是平台的供给方还是需求方，其在不同分享平台之间的转换成本都非常低，甚至趋近于零，比如注册小猪短租的房东也可以注册蚂蚁短租，用户同样也可以很方便地在两个平台之间转换。这种在具有竞争性的多个平台间的低成本转换模式，能够有效地制约或削弱某一特定平台的市场力量，从而对平台企业形成相当的约束作用。

最后，即使占据了很大的市场份额、具有一定的市场支配地位，但如果不利用市场垄断地位进行不正当竞争，不滥用市场支配地位去损害消费者利益，那么也不适用反垄断相关规则。而且，就共享经济平台而言，所拥有的用户量越大，意味着参与其中的消费者面临的选择越多，平台可能为其带来的价值就越大。从这个意义上说，即便是行业内巨头企业的合并也并不可怕，共享经济平台型企业具有强大的市场力量本身是合法的，但其在市场经营和市场竞争中应当遵循《反垄断法》规定，不得打破垄断行为的边界，尤其是不能滥用市场支配地位从事排除限制竞争的行为。政府要做的就是加强对其经营行为的监管。

总之，对于共享经济而言，市场集中度高并不必然意味着新的垄断，巨无霸平台型企业的出现也不意味着必然会影响消费者权益。问题的关键在于，随着新业态、新模式的不断出现，研究机构需要共享经济新的特点、发展阶段、平台内在发展机制等多方面因素，加强对诸如垄断等相关理论问题的研究；相关部门则抓紧完善和制定相关规则，对平台企业经营行为进行监管与引导。平台企业则要在进行创新探索的过程中，加强自律和树立底线意识，确保其创新商业模式不会对市场竞争和消费者利益带来不利的影响。

知识点

网络经济时代需要对垄断重新定义和分析。

思考题

网络时代克服垄断竞争行为有什么新手段？

Q98 从全球层面看共享经济发展需要应对哪些共同挑战？

共享经济的快速发展仍然面临诸多挑战。从全球层面看，法律法规不适应、公共数据获取难、个人信息安全、理论研究滞后以及协同监管体系尚未建立等问题，是共享经济发展面临的共性难题。

如何破解制约共享经济发展的难题，全球各国进一步探索，也离不开政府、企业、社会组织和用户的多方参与。

全球共享经济发展面临一些共同的挑战，包括以下五个方面。

一是传统法律法规不适应新业态。共享经济也是网络经济，具有典型的跨区域、跨行业特征，现有的法律法规越来越无法适应共享经济发展需要。主要表现为平台企业的法律地位和责任界定不清；关于平台的性质认定、行业归类、新型劳资关系、从业者和平台的税收征缴等尚无明确规定。如在美国的马萨诸塞州等地，针对缴纳社保问题已出现多起司机对优步的诉讼事件。在这种情况下，如若不对现有不合理的法律法规加以修订，就会导致大量的共享经济活动处于灰色地带，甚至有“违法”嫌疑，面临随时可能被叫停、被扼杀的风险。

二是公共数据获取存在困难。共享经济从根本上说是一种数据驱动的经济。实践中许多创新性分享实践都需要公共数据的支撑，如在交通出行、房屋住宿、生活服务等诸多领域都面临交易双方身份和信用认证问题，尤其是一些与个人信用相关的关键性数据掌握在相关政府部门和公共机构手中，获取公共数据的渠道少、成本高，既不利于监管，也不利于发展。究其原因，公共数据开放共享的深度和广度尚不能满足需要，而政府部门间的信息资源开放共享历来都是一大难题。

三是用户隐私保护与信息安全面临挑战。平台企业发展过程中会收集到越来越多的用户个人信息，积累起大量的日常行为数据，这些反映用户隐私的信息一旦发生泄露，或被不正当利用，将威胁到用户权益甚至人身财产安全。虽然一些国家对网络安全、个人信息保护等有明确规定，对平台企业也提出了具体要求，但在具体落实上还需各方共同努力。在缺乏有效监管的情况下，如何有效保护用户个人信息安全，成为未来共享经济健康发展迫切需要解决的问题。

四是快速创新实践与理论研究滞后之间的矛盾更加突出。尽管共享经济引发的社会关注越来越多，政府、平台企业、研究机构对共享经济的理论思考也更加理性与深入，但与快速发展的实践相比，理论研究仍显滞后，难以有效支撑政府的政策制定、行业监管以及企业创新实践的需要。如何界定平台企业责任是理论研究的一个难点。近年来，社会各界围绕平台企业主体责任、市场竞争行为、用户社保与税收抵扣等一系列问题，展开了广泛讨论，但一直没有达成共识。如何界定平台企业的垄断行为是理论研究的另一个难点。当前越来越多的行业参与者、消费者、监管部门，开始关注共享经济平台并购和定价等行为可能存在的垄断问题，平台企业也面临反垄断合规的风险和挑战。此外，对共享经济的价值评估，仍然缺乏一套合理的统计监测和价值衡量体系。

五是协同监管体系尚未建立。协同治理是共享经济发展的客观要求，也是其必然结果，政府、企业、社会组织、用户都应分别发挥重要且不可替代的作用。从实践中看，共享经济的全面发展对政府治理创新产生了显著的“倒逼”效应，也为构建多方参与的治理模式提供了经验积累、技术与数据支撑，但相对完善的协同治理体系尚未完全建立，有待各国进一步探索。

此外，在共享经济走向全球化的过程中，还会遇到制度文化差异以及国际协同治理等诸多难题。

知识点

各国共享经济发展中会遇到一些共性问题，全球化进程中还会遇到协同治理难题。

思考题

为什么各国对待共享经济的态度会有很大的差异？

Q99 共享经济发展还要克服哪些困难？

当前共享经济正处于从起步期到成长期的转型阶段，大多数共享经济新业态尚处于发展初期。共享经济的概念内涵、作用机理、商业模式、平台治理等方面还有待明确，未来的发展还需要过三关——认知关、条法关和自律关。

共享经济发展面临的困难很多，目前看重点是要“闯三关”。

一是认知关。在共享经济发展初期，由于理论研究稍显不足，实践也处于探索中，人们对共享经济的认识难免会存在一些明显的误区。比如说，有人认为共享经济应该是免费经济，收费的共享行为就不是共享经济了。实际上，共享经济的本质是通过资源利用效率最大化创造新的价值，并获得一定收益，这既是对资源供给方的回报，也是保证共享经济可持续发展的动力。也有人认为共享经济的发展对传统行业造成了巨大的冲击，甚至会颠覆部分行业。研究发现，共享经济作为一种新的发展理念，任何一个行业都可以通过共享的模式来创造更大的价值。共享经济不会颠覆任何行业，被颠覆的只可能是固守过去发展模式的传统企业。还有人认为共享经济是不安全的。从理论上看，共享经济的开放透明和全程可追溯性为实现安全发展提供了有利条件。从实践上看，共享平台的安全保障机制也在不断完善中，发展初期出现的一些安全问题，更多的是暴露或放大了原本就存在的问题。此外，也有人提出共享经济会加大数字鸿沟，造成新的社会不公平。这是技术创新扩散过程中的必然现象，也是制度创新滞后的阶段性问题。从长期看，共享经济在扩大供给与需求、促进经济增长方面的作用将越来越显著，同时也为众多弱势群体参与社会创新系统提供了前所未有的条件和机遇，有利于促进社会公平与进步。由于认识上的不足，企业面临如何转型的难题，监管部门存在“该不该管、管什么、怎么管”的困惑。

二是条法关。共享经济具有典型的跨区域、跨行业特征，现有的很多法规是在多年以前制定的，是工业时代的产物，有很多细则已无法适应共享经济的发展需要，既不能鼓励创新，甚至阻碍了创新，也无法继续发挥有效的监管作用。

出现上述难点的原因，其一是共享经济活动作为新生事物，发展变化快，法律法规跟不上实践发展是一个客观事实。其二是既有法规的修订量大面广，难以在短期内完成。其三是对于已经能够看得清楚，客观上也能够尽快修改完善的法律法规，也存在主观能动性不足的问题。加快修改完善制约共享经济发展的法律条款，对激发共享经济活力、释放共享经济潜力大有裨益。

三是自律关。对于以共享经济为代表的新业态，我国已确立了“鼓励创新、包容审慎”的政策主基调，“放管服”改革持续深化，为企业的实践创新创造了良好的外部环境和较大空间。但同时也对参与共享经济活动的企业和个人的自律提出了更高要求，创新过程需要牢固树立底线意识，自觉抵制可能侵犯消费者权益、对社会造成不良影响等行为。此外，平台企业具有一定的社会基础设施和公共平台性质。共享经济的大发展需要企业承担维护社会安全、公共环境，参与社会诚信建设，积极参与研究制定新规则，甚至参与社会协同治理等多方面责任。

知识点

共享经济发展要“闯三关”：认知关、条法关、自律关。

思考题

为什么在共享经济发展初期平台企业的自律十分重要？

Q100 如何适应共享经济发展？

共享理念拥护者克莱·舍基说：“如果不学会主动迎接共享时代，你就会被炸得粉碎。”面向未来，政府、企业和个人都应该以开放包容的姿态拥抱共享经济，学习、参与和创新是适应时代发展需要的制胜三招。

共享经济是信息技术革命与人类社会发展需求相适应而产生的必然结果。未来共享经济加速发展的趋势不可逆转，并将成为人类从工业社会走向信息社会的重要推动力。政府、企业和个人都应该以开放包容的姿态拥抱共享经济，学习、参与和创新是适应共享经济发展需求的制胜三招。

就政府而言，相关部门需要加强对共享经济的认识与理解，准确判断和顺应经济社会发展大势，本着“鼓励创新、包容审慎”的原则，通过制度层面的积极调整为共享经济发展创造宽松环境，妥善处理创新引发的利益平衡矛盾。尤其是在新业态发展初期，多数企业发展仍处在探索创新阶段，政府可以在建立和完善补位性、底线性和保障性的制度和规范等方面多做一些工作，如及时修改已经明显不适用的法律法规，研究制定以用户安全保障为底线的创新准入政策，尽快完善适应新业态发展的社会保障机制。加快推进公共数据开放和社会信用体系建设，积极利用大数据等新技术手段实现精准治理。

共享型企业要想立于不败之地，应该坚持以“用户为中心”，依靠价值创造来获取可持续发展能力。在发展过程中，企业应加强自我监督，主动履行社会责任，不能因为当前存在制度缺失或管理的灰色地带就放松对自身的要求，更不能以侥幸心理利用制度漏洞获取不正当收益。

传统企业应充分认识到共享经济给自身发展带来的新机遇，积极拥抱共享经济，将共享经济发展理念融入企业经营过程中。在实践中，已经有一些企业开始探索新的业务模式。如在办公空间分享领域，万豪集团（Mariott）、微软等与 LiquidSpace 公司开展合作，将其视为一个新销售渠道或办公室预订手段。喜达屋（Starwood）酒店集团也与 Desks

Near Me公司开展了类似合作。在零售领域，美国最大的有机食品超市全食超市（Whole Foods）与共享物流配送公司Instacart在全美15个城市进行合作，提供1小时到达的配送服务，客户平均采购量迅速上升到之前的2.5倍，每周销售金额增加了150万美元。在制造业领域，越来越多的企业正在积极推进基于互联网的个性化、网络化、柔性化制造模式和服务化转型。宝马、奔驰、奥迪等汽车巨头引入共享经济模式，在以租代售、停车共享等领域已经取得了很好的效果。海尔集团提出了“人人创客”的转型战略，努力推动海尔从制造产品向制造创客转型，以满足当前需求个性化、生产分散化的市场新动向和消费者新需求。徐工集团成立了为道路工程机械用户提供一站式解决方案的综合服务平台——徐工“路之家”工程机械信息服务平台，推动“互联网+”工程机械融合发展。

对个人而言，面对共享经济大潮，要以积极的心态参与其中，享受共享经济带来的便利。共享理念拥护者克莱·舍基说：“如果不学会主动迎接共享时代，你就会被炸得粉碎。”今天的行动决定明天的结果，当人们都学会并习惯使用共享经济的时候，一个全新的共享型社会也就到来了。

知识点

学习、参与、创新是适应共享时代的制胜三招。

思考题

如何描绘一个全面共享型社会的未来图景？

后记

共享经济是适应信息社会发展出现的新型经济形态，对共享经济的关注也是源于对信息社会的跟踪研究。

2005年，国家信息中心设立信息化研究部，致力于信息化和信息社会理论与实践研究。2009年成立课题组开始探索信息社会测评研究，并于2010年发布了首份《中国信息社会测评报告》，2013年发布了首份《全球信息社会测评报告》。

在跟踪研究全球信息社会发展的过程中，在信息革命加速推进经济和社会转型的滚滚浪潮中，共享经济逐步浮出水面，映入眼帘时那么耀眼，不容忽视。2015年起国家信息中心研究团队正式设立分享经济研究课题组，并于2016年2月正式推出首份《中国分享经济发展报告（2016）》，以后作为年度报告每年都在这个时间对外正式发布。同年，《分享经济：重构中国经济新生态》一书正式出版。

随着共享经济迅速崛起，相关的政策研究任务不断增加。为适应形势发展需要，2017年国家信息中心机构调整时正式成立了分享经济研究室，2018年初设立了分享经济研究中心。除继续研究发布年度报告外，完成了多项政策研究任务，围绕网约车、房屋短租、共享单车、共享金融等撰写发布多份研究报告。后来根据这些报告改编出版了《共享经济：中国新故事》一书。

本书是国家信息中心分享经济研究中心奉献给大家的第三部专著，重点回答了近年来大家关于共享经济提出的主要问题。由于共享经济发展太快，好多问题可能本来就没有标准答案，书里提供的解答更多反映的是现阶段研究的成果和认知。同时，这些问题显然并没有涵盖关于共享经济的所有问题，也许将来大家提出的问题还会更多。

参与本书撰写的主要作者都是研究中心的研究人员，主要有：张新红、于凤霞、李红升 、胡拥军 、高太山、蔡丹旦。胡沐华帮助做了大量的素材整理和编辑工作。

在共享经济研究过程中，多位专家给予研究中心关心指导，众多共享经济平台企业提供了大力支持。出版社的领导、责任编辑也为本书的出版付出了辛勤劳动，在此一并表示感谢。

限于研究和表达水平，书中谬误和不足之处一定很多。欢迎大家多提宝贵意见。

作者

2018 年 10 月

图书在版编目（CIP）数据

共享经济 100 问 / 张新红，于凤霞等著 . -- 北京：中共中央党校出版社，2019.1
ISBN 978-7-5035-6358-4

Ⅰ . ①共… Ⅱ . ①张… ②于… Ⅲ . ①商业模式 – 问题解答 Ⅳ . ① F71-44

中国版本图书馆 CIP 数据核字（2018）第 268554 号

共享经济 100 问

责任编辑 曾忆梦 高 颖
版式设计 张 敏
责任印制 陈梦楠
责任校对 魏学静
出版发行 中共中央党校出版社
地　　址 北京市海淀区长春桥路 6 号
电　　话 （010）68929580（办公室）　（010）68928910（发行部）
（010）68922815（总编室）　（010）68929342（网络销售）
传　　真 （010）68922814
经　　销 全国新华书店
印　　刷 北京中科印刷有限公司
开　　本 690 毫米 ×980 毫米 1/16
字　　数 226 千字
印　　张 20
版　　次 2019 年 1 月第 1 版 2019 年 1 月第 1 次印刷
定　　价 58.00 元

网　　址： www.dxcbs.net　**邮　　箱：** zydxcbs2018@163.com
微 信 ID： 中共中央党校出版社　**新浪微博：** @党校出版社
